AF562112

BARTHÉLEMY CHAIZE

VIE DE JÉSUS

POËME EN QUATRE CHANTS

AVEC NOTES HISTORIQUES

AVIGNON
IMPRIMERIE ADMINISTRATIVE DE GROS FRÈRES
1867

LA VIE DE JÉSUS

BARTHÉLEMY CHAIZE

VIE DE JÉSUS

POÈME EN QUATRE CHANTS

AVEC NOTES HISTORIQUES

AVIGNON

IMPRIMERIE ADMINISTRATIVE DE GROS FRÈRES

1867

LETTRE

DE M. ALFRED DE VIGNY

Membre de l'Académie Française

A L'AUTEUR

Paris, le 2 juillet 1865.

MONSIEUR,

Je suis heureux de saisir l'occasion que vous m'offrez, en m'écrivant, d'applaudir au talent que vous déployez dans votre petit livre.[1] J'ai lu attentivement les trois pièces de poésie qu'il renferme, et j'ai été charmé de la nervure des vers.

La parabole est un des genres les plus difficiles de la poétique; mais vous prouvez, dans l'*Enfant Prodigue,* que ce grave sujet n'est pas au-dessus de vos forces.

1 Opuscule intitulé *Jésus sur la terre*, publié en 1865, et dont la teneur était extraite du présent ouvrage.

La deuxième pièce, *La Femme Adultère,* se distingue par d'excellentes qualités de diction, de style. C'est un tableau frappant de vérité. Il y a une action virile unie à un ton général d'harmonie biblique, qui fait illusion.

Vient ensuite la *Résurrection de Lazare* terminant l'opuscule.

La scène s'ouvre par un frais paysage de Béthanie où la nature semble avoir été prise sur les lieux mêmes. Bientôt, l'esquisse change d'aspect; les couleurs s'assombrissent. Lazare malade meurt, et Jésus qui est au-delà du Jourdain, se dirige en toute hâte vers la Judée. Sur ses pas, près de Béthanie, il rencontre Marthe et Marie : elles se jettent à ses genoux en sanglottant.

« Quiconque croit, verra; c'est moi qui suis la vie ! »

Dit le Christ inspiré, en écartant la foule qui lui cache le mausolée ; et adressant à son père qui l'assiste dans les cieux une sublime prière, il impose les mains à son disciple inanimé, inerte, cadavre, et soudain :

« Lazare, abandonnant sa couche funéraire,
» Se dresse en secouant un humide suaire ! »

Je ne saurais trop vous féliciter, Monsieur, de la manière dont vous avez traité la poésie que je viens de rappeler ici, en substance. Vous vous élevez là à un lyrisme au-dessus de tout éloge.

Votre dernière strophe

O Sion ! homicide cité...

en me rappelant le mélodieux Racine dans ce qu'il a de plus pur, me permet d'espérer pour votre vie complète de Jésus, un véritable succès littéraire.

C'est dans cette conviction que je vous prie d'agréer,

Monsieur,

Avec mes sentiments de profonde gratitude, l'assurance de ma parfaite estime.

Alfred de VIGNY,

Membre de l'Académie Française.

Qu'il nous soit permis d'acquitter à cette place une dette de reconnaissance, en semant quelques fleurs sur la tombe depuis longtemps fermée déjà de M. le vicomte Alfred de Vigny.

La mort qui a fauché avant son heure l'existence de l'illustre poëte, a emporté avec elle, hélas ! les trésors de poésie que cette nature d'élite renfermait.

Il nous reste heureusement quelques consolations dans la possession des œuvres que le poëte a laissées parmi nous.

Ces œuvres, généralement aimées, rappelleront et perpétueront sans cesse la vie littéraire si bien remplie de leur auteur.

Dormez en paix, chantre harmonieux de la lyre !

Votre passage ici-bas a laissé des traces durables, et votre nom est désormais inscrit sur l'airain sacré des grands poëtes de l'humanité !

B. C.

CHANT PREMIER

VIE DE JÉSUS

CHANT PREMIER

SOMMAIRE

Invocation. — Noël. — Massacre des Innocents. — L'Égypte. — Le Mirage. — Enfance de Jésus. — Le départ. — La patrie. — Nazareth. — Conduite de Jésus. — Ses parents. — La Pâque.

I.

Je ne suis rien, ô Christ, pour aborder l'autel
Où se brûle l'encens de ton culte immortel ;
Mais si touchant enfin le seuil du tabernacle,
Je reste là sans voix, Seigneur, fais un miracle !...
Tu n'as qu'à dire un mot, tu rends jeunes les vieux,
Le sourd entend, l'aveugle au jour ouvre ses yeux,
Et sous l'accent divin de ta voix qui console
Les muets éperdus recouvrent la parole...
Sur mon front abaissé daigne imposer les mains !
Et mon cœur dégagé des errements humains,

De sa débilité jetant au loin les langes,
Saura trouver alors des chants dignes des anges.

N'as-tu pas, de ses jours ranimant le flambeau,
Fait surgir autrefois Lazare du tombeau?

II.

Gloire à Dieu! gloire à Dieu! de fleurs parez vos têtes!
Ils sont venus les temps prédits par les prophètes!
Un Dieu dans un berceau s'offre au monde étonné!
Une Vierge a conçu! le Sauveur est donné!
C'est Jésus! c'est le Fils, le sang des patriarches,
Qui descend parmi nous pour éclairer nos marches!
Sur son beau front d'enfant où dort encor sa loi
Règne ce noble éclat qui luit au front d'un roi;
L'auguste majesté brille sur son visage
Et s'unit sur sa joue aux charmes de son âge;
Sous ses blonds cils naissants on devine le feu,
Qui doit jaillir bientôt de son œil chaste et bleu;
Sa grâce, sa beauté, sa noblesse divine,
Tout révèle en un mot sa céleste origine:
Rois, peuples, à genoux!... voici sur ce berceau
Celui que l'Eternel a marqué de son sceau!
. . . .

III.

Au moment où Joseph et la famille sainte
Des murs de Bethléem franchissaient-ils l'enceinte;
A la faveur de l'ombre à peine leurs manteaux
Ont-ils trompé les yeux comme un flot dans les eaux

Que sur leurs gonds rouillés on voit rouler les portes
Et des soldats d'Hérode arriver les cohortes... [1]
Mais, que dis-je, soldats, pour de pareils forfaits
On trouve des bourreaux, mais des soldats, jamais!
Ils entrent en silence, et leur bande servile
Comme un troupeau de loups se répand par la ville,
La parcourt en tous sens d'un pas précipité,
Et maîtresse partout de la sainte cité,
Commence alors, horreur! ce monstrueux carnage
Dont avec son dégoût le souvenir surnage,
Après dix-huit cents ans, comme un crime d'hier,
Et qui révolte encor chaque cœur noble et fier.
Ces tigres aux lueurs de cent torches errantes
Qui jettent dans la nuit leurs flammes effrayantes,
D'une main une épée et de l'autre un flambeau
Transforment Bethléem en un vaste tombeau.
Mort aux enfants! tel est le mot qui les rallie:
Peuple d'Hérode, aujourd'hui signale ta folie!
Pour réchauffer un peu ce tyran chargé d'ans,
Cité sainte il lui faut le sang de tes enfants!
L'un reçoit le trépas aux côtés de sa mère
Dont les bourreaux en vain entendent la prière;
L'autre, qu'un songe heureux escorte quand il dort,
Passe encor souriant du sommeil à la mort;
L'un tombe sous le fer, l'autre clot ses prunelles
Dans un bras qui l'étreint et l'arrache aux mamelles;
Dans la flamme, dans l'eau, sous le glaive qui luit,
Tous reçoivent la mort dans cette horrible nuit!

Deux enfants, deux jumeaux, l'espoir d'une famille,
Seigneur! daigne guider ma plume qui vacille!...
Dans les bras l'un de l'autre, enlacés tous les deux,
Reposaient embellis par des rêves joyeux:

L'un d'eux pressait encor de sa bouche vermeille,
Avec un doux sourire, un jouet de la veille,
Don charmant de sa mère avant de le coucher,
Et que l'autre semblait des doigts encor chercher.
Magnifique d'effroi, demi-nue et tremblante,
La mère à leur côté se tenait palpitante...
Un barbare paraît... la mère et les enfants
Par le même trépas sont réunis sanglants !

Ville de Bethléem, reine de la Judée,
Pleure, pleure tes fils sur leur tombe accoudée !
Sainte et noble cité prends tes habits de deuil,
Et pour tes enfants morts prépare un blanc linceul ;
A ces anges ravis élève un mausolée,
Où vienne vers le soir la mère désolée,
Et qui préserve au moins tes funèbres amours
Des colères d'Hérode et du bec des vautours !

IV.

Salut ! terre d'Egypte en souvenirs fertile,
Du savoir et des arts le primitif asile !
Salut ! pays fameux en prestiges fécond,
Où quand l'homme interroge un Dieu toujours répond
Sol avare à l'excès, puis à l'excès prodigue,
Source tarissant hier, demain torrent sans digue,
Qui lorsque le soleil croise avec toi ses yeux
Le brave face à face et lui rend feux pour feux.
Salut ! d'un Dieu nouveau reçois les destinées,
Donne-lui pour abri tes plages calcinées.
Vois, ce n'est qu'un enfant qui vient en fugitif !
Cependant, au seul bruit que fait son pas furtif,

Déjà tremblent les dieux dont ton Olympe abonde :
Tu les dévores tous comme ton sable l'onde,
Et chassés sans retour de leurs pompeux réduits
Il ne reste plus d'eux que des temples détruits !
Bien des siècles d'erreur te séparent encore
Du maître souverain que tout mortel adore,
Egypte, et bien longtemps mille cultes divers
Tendront à t'éloigner du Dieu de l'univers ;
Mais il n'a pas voulu, vieille terre biblique,
Te partager déjà le pain évangélique :
Pour preuve qu'il est loin de te déshériter,
Il te donne son fils que tu dois abriter !

V

Là-bas, à l'horizon de ces monts effroyables,
Quels sont ces voyageurs qui luttent dans les sables?
Le désert, sous leurs pieds, indigné de fléchir,
Etale ses horreurs et semble s'agrandir ;
Il attache à leurs yeux sa brûlante poussière
Et sème sur leurs pas les ronces et la pierre.
Quel destin précipite en ces horribles lieux
Une femme, un enfant, un homme déjà vieux ?
En stériles efforts ce groupe se consume,
La soif, l'affreuse soif en leurs palais s'allume,
Et le désert alors se jouant de leurs maux,
Semble se transformer en séduisantes eaux ;
Il offre à leurs regards des îles de verdure
Qui nagent dans les flots d'une onde calme et pure ;
Un pas, un pas encor, un effort, un moment
Et cette eau transparente apaise leur tourment ;
Ils se hâtent... Mais l'eau redoublant leur martyre,

A chaque pas qu'ils font devant eux se retire...
Ils vont, ils vont toujours... inutiles efforts!
Toujours l'onde s'enfuit et recule ses bords...
Vingt fois meurt et renaît ce cruel jeu d'optique,
Et les bras étendus vers le lac fantastique
Qui chatoie au soleil comme un brillant miroir,
Les trois infortunés s'affaissent sans espoir!

Voilà donc le destin de la sainte famille!...
Seigneur, du haut des cieux où ta puissance brille,
N'as-tu guidé les tiens à travers les déserts,
Plus perfides encor que les perfides mers,
Que pour leur préparer haletants, misérables,
Après mille tourments un tombeau dans ces sables?

Tout à coup... Oh! bonté sans fin du Créateur!...
Un ruisseau... ce n'est plus un mirage trompeur... [2]
Aux pieds des pèlerins roulant son onde pure
S'élance de la terre avec un doux murmure;
Comme pour protéger ces bienfaisantes eaux,
Un arbre sur la source abaisse ses rameaux;
Il offre aux fugitifs l'ombre qui les convie,
Et la sainte famille est rendue à la vie!...

Le soleil à son tour adoucissant ses feux,
Semble, quoique à regret, s'éloigner de ces lieux.
Dans un dernier regard lentement il contemple
Ce désert où jadis resplendissait son temple;
De ses plus beaux rayons il pare avec amour
Ces marbres renversés qu'il revoit chaque jour;
Il salue en passant les hautes pyramides [3],
Pénètre avec mystère en leurs entrailles vides,

Les réchauffe d'un souffle, illumine leur nuit,
Recueille leurs secrets qu'il dérobe sans bruit,
Étreint leurs vastes flancs sous leurs corsets de pierre
Qu'il baigne de vapeurs, d'azur et de lumière ;
Les embrasse, les presse et les embrasse encor
Et couronne leur front d'un diadème d'or.

Il abandonne enfin ces géantes qu'il aime ;
Mais comme un noble amant en son adieu suprême,
De feu, de pourpre et d'or parsemant son chemin,
Il semble en les quittant leur crier : à demain !

VI

Aux portes du désert, dans un antre sauvage,
Le fils de Dieu grandit en vertus comme en âge.
Tantôt le noble enfant à l'ombre des palmiers,
Qui portent vers le ciel leurs fronts hospitaliers,
Se livre sans contrainte aux ébats de l'enfance ;
Tantôt plein de candeur, de grâce et d'innocence,
Pour surprendre à sa mère un baiser chaste et doux
Il essaie, en jouant, à gravir ses genoux,
Ou bien à ses côtés il épelle après elle,
Dans les livres sacrés la parole éternelle.

D'autrefois, du désert affrontant les chemins,
Son pas suit des sentiers vierges de pas humains,
Et là, seul, au milieu des solitudes mornes
Dont nul œil ne saurait apercevoir les bornes,
Tandis qu'un vent léger soulève ses cheveux
Qui jusque sur son cou tombent en flots soyeux,
Debout sur un vieux roc contemporain du monde
Que le Nil creuse et bat de sa vague profonde,

Il embrasse à la fois d'un dédaigneux regard,
Ces immenses tombeaux, ces colosses de l'art ;
Monuments de l'orgueil qu'une pensée altière
A construits de sueur, de sang et de poussière ;
Il voit avec pitié tout ce travail humain
Dont l'ombre peut à peine abriter le chemin ;
Ce gigantesque sphynx, constante sentinelle,
Que le vent chaque jour ébrèche de son aile ;
Ces masses de granit que des siècles d'efforts
Ont élevé... pour qui ? pas même pour des morts !
Des temples, des palais, de vastes sarcophages
Dont les rois aujourd'hui sont les bêtes sauvages,
Et qui debout encor mais pour quelques instants
Avant de s'écrouler sous la course des temps,
Semblent se dire entr'eux d'une voix lamentable :
« Partout où construit l'homme il construit sur le sable. »

De tant de vanité, pour reposer ses yeux,
Jésus les porte alors vers la voûte des cieux ;
Puis, d'un pas lent et triste, et la tête baissée,
Il revient, dans son cœur roulant une pensée.
Sans doute en ces moments, fils exilé du ciel,
Tu songes aux rigueurs du calice de fiel,
Et par un court regret ta grande âme attendrie
Evoque en souvenir sa céleste patrie !
Sans doute... Mais le jour n'est pas encor venu...
Par tes propres arrêts ici-bas retenu,
Jusque-là, Fils de Dieu, deviens Fils de la terre !
C'est au proche avenir à percer le mystère ;
Encore un peu de temps, et ton suprême adieu
Brisera l'enveloppe où se dérobe un Dieu,
Et tu remonteras aux voûtes éternelles
Entraînant après toi des peuples de fidèles !...

VII

« Dieu te rappellera dans un moment plus doux ! »
Avait annoncé l'ange à l'immortel époux.
Le moment est venu : Joseph quittant sa couche
S'empresse d'obéir à la céleste bouche,
Et suivi de Marie et de l'enfant divin
Du désert avec eux il reprend le chemin.
Jésus donne un regard plein de reconnaissance
A tous ces lieux témoins de son enfance :

« Adieu, palmiers dont l'ombre a protégé mon front!
« Pays hospitalier, sol brûlant, Nil profond,
« Adieu ! Je vous aimais, magnifiques rivages...
« Et toi, beau sycomore agité des orages,
« Premier et saint abri de mes pas incertains
« Quand Dieu nous appela dans ces pays lointains,
« Adieu ! pour tes bienfaits d'un éternel feuillage
« Tes rameaux toujours verts s'orneront d'âge en âge,
« Et ton ombre immortelle, arbre de souvenir,
« Verra les pèlerins des siècles à venir ! »

Il dit, et d'un regard son œil embrasse encore
Ces beaux lieux que déjà le jour naissant colore,
Et qui tout inondés des larmes de la nuit
Semblent pleurer le fils qui pour toujours les fuit !

VIII

Qu'il est doux, qu'il est beau l'aspect de la patrie !
Après un long exil quand sa terre chérie
Surgit à nos regards à l'horizon lointain
Comme un point que le cœur plus que l'œil incertain

Peut distinguer ; il semble, à la voir qui s'avance
A chacun de nos pas, que son sol qui s'élance
Vient au devant de nous ouvrant des bras amis,
Et hâte du regard nos pas mieux affermis.

Que ce soit un désert, une aride montagne,
Que des fruits sans saveur naissent dans sa campagne,
Que ce soit un rocher dans un âpre climat,
Que son air soit brûlant ou son terrain ingrat,
La patrie a toujours une brise plus douce,
Des champs plus embaumés, une plus verte mousse
Que les autres pays ; et toutes les grandeurs
Des climats étrangers, leurs produits, leurs splendeurs
S'effacent à nos yeux : ce n'est pas la patrie...

A cet attrait puissant pour Joseph et Marie
Qui sentent ranimés frémir dans leurs cheveux,
L'air enivrant qu'au ciel redemandaient leurs vœux,
Se joint pour l'Enfant-Dieu l'attrait de voir la scène
Où doit se dérouler sa destinée humaine ;
D'un horizon à l'autre il porte ses beaux yeux ;
Puis il dit en voyant la misère des lieux :

« Il en est des climats dévorés par la bise
« Comme du culte vrai : le sang les fertilise !
« Je verserai le mien sur ce sol qui languit,
« Et de ce sang versé naîtra l'éternel fruit... »

IX

Nazareth ! à ce nom on sent vibrer dans l'âme[1]
Un saint frémissement qui l'anime et l'enflamme !

Un sentiment profond d'amour et de respect
Se peint dans le regard à cet auguste aspect !
C'est que tel qu'il est là, ce bourg de Galilée,
Ce hameau délabré dominant la vallée,
Il évoque en nos cœurs un puissant souvenir
Que les ailes du temps n'ont jamais pu ternir.
Nazareth ! tu n'es plus qu'un roc dans les broussailles
Sous sa verte toison étouffant des murailles,
L'herbe croit à tes flancs et tente le chameau
Que le pâtre en courant chasse vers le ruisseau ;
Mais Jésus a grandi dans tes pauvres ruines,
Ses pas ont parcouru tes champs et tes collines,
Il priait chaque soir dans ce bouquet de bois
Dont l'écho bien souvent répondit à sa voix,
Il a bu dans tes eaux, dormi sous tes ombrages :
Voilà pourquoi ton nom reste grand dans les âges !

X

De quels soins, quel amour et quel respect touchants
Jésus, dans son enfance, entoure ses parents !
Pour les mères Marie est un sujet d'envie,
Et de joie et d'orgueil sa sainte âme est ravie
Lorsque d'un pas léger, à la chute du jour,
Elle voit le divin objet de son amour
Accourir, haletant, d'une course lointaine,
Pour la suivre en causant, à la source prochaine,
Avec elle puiser leur eau du lendemain,
Et revenir après en lui tenant la main.

D'autres fois, de Joseph appuyant la vieillesse,
Dans le sentier pénible il aide sa faiblesse,

Et le vieillard content sème de pleurs joyeux,
En embrassant son front, l'or de ses blonds cheveux.
Sur son lit de misère il visite le pâtre,
L'espérance avec lui pénètre dans son âtre ;
Et s'aidant des grands mots d'espoir et de vertu
Il soutient l'opprimé, relève l'abattu ;
Il instruit, il oblige, il secourt, il console;
Le courage renaît à sa douce parole,
Et lorsque le mourant tourne vers lui ses yeux,
Pour but à ses désirs son doigt montre les cieux !
Aimer, se faire aimer, aux autres être utile,
Jésus partage ainsi son enfance tranquille ;
Aussi dans Nazareth son exemple cité
Enseigne à tous les cœurs l'amour, la charité !

XI

Mais la Pâque est venue et la Judée en foule
Jusqu'à Jérusalem comme un torrent s'écoule :
Elle vient célébrer, dans la vieille cité,
L'anniversaire saint du jour de liberté,
De ce jour mémorable où la main éternelle,
Emondant de sa faux une race infidèle,
Dans son juste courroux épargna les hébreux
Et les tira d'Egypte en marchant devant eux.

Et ceux de Nazareth, et Joseph à leur tête,
Étaient venus aussi pour célébrer la fête ;
Et Jésus et Marie accompagnaient ses pas
Pour assister ensemble au solennel repas,
Où de tous ses parents la vierge environnée,
Saintement avec eux s'*asseyait* chaque année..

Ce n'était déjà plus la Pâque des beaux jours
Où le temple paré de ses plus beaux atours,
Aux chants de l'haggada de sa base à son dôme [6],
Frissonnait comme au vent frissonne un toit de chaume;
Mais pour les cœurs pieux c'était encor le jour
Du souvenir, des chants, des fleurs et de l'amour.

Jésus avec les siens a célébré la fête,
Il voit pour le départ sa mère déjà prête;
Mais derrière ses pas s'attardant à dessein,
Bientôt Jérusalem le revoit dans son sein.
Vers le déclin du jour, Marie en vain l'appelle,
Elle le cherche en vain dans la foule fidèle;
Son fils ne répond pas à ses tendres accents,
Et Jésus n'est avec aucun de ses parents.
A la ville aussitôt elle retourne en larmes;
Enfin, après trois jours de mortelles alarmes,
Elle trouve l'Enfant, objet de tant de pleurs,
Assis dedans le temple écoutant les docteurs,
Parlant, leur répondant; et sa jeune science
Confondait bien souvent leur vieille expérience.
Marie élève au ciel un cœur reconnaissant,
Avec un doux reproche elle embrasse l'enfant;
Mais lui : « Pourquoi, dit-il, me cherchez-vous, ma mère,
« Ne me dois-je donc pas aux œuvres de mon père? »

Et, la suivant soudain avec soumission,
Il quitte à ses côtés les remparts de Sion.

XII

Arrêtons, maintenant, et laissons dans son ombre
L'astre qu'à nos regards dérobe une nuit sombre.
Bientôt nous le verrons comme un feu qui reluit,
Plus brillant et plus beau percer l'obscure nuit.
Sur le Christ jusque-là tout homme doit se taire :
Il travaille, il grandit... Le reste est un mystère !

NOTES DU CHANT PREMIER

(1) *Et des soldats d'Hérode arriver les cohortes....*

Hérode dit le Grand ou l'Ascalonite, du nom d'Ascalon, ville de Judée où il naquit l'an 72 avant Jésus-Christ. Gouverneur de la Galilée, il servit Marc-Antoine, qui le fit nommer tétrarque et ensuite roi de Judée. Il fut le bourreau d'Aristophale son beau-frère, grand-prêtre des juifs; de Marianne, sa propre épouse; d'Alexandra, sa mère; d'Hyrcan, grand-père de cette princesse; de ses deux fils Alexandre et Aristopule et d'un grand nombre d'autres victimes.

Malgré la férocité de son caractère, il vendit tout ce qu'il avait d'or et d'argent pour délivrer la Judée de la famine qui la désola 25 ans avant Jésus-Christ. Six ans plus tard il fit rebâtir le temple de Jérusalem, un théâtre, un cirque, une ville et un temple à son bienfaiteur Octave, alors empereur sous le nom d'Auguste.

A l'occasion de la naissance de Jésus-Christ, il ordonna le massacre de tous les enfants mâles au dessous de deux ans dans le territoire de Bethléem. Après avoir fait tuer Antipater, son troisième fils, et commis plusieurs actes de cruauté, Hérode mourut vers l'an de Rome 750, une année après la naissance de Jésus-Christ, et quatre avant l'ère chrétienne.

(2) *Un ruisseau... ce n'est plus un mirage trompeur...*

Non loin des ruines d'Héliopolis, célèbre par son temple du soleil, se trouvent encore la fontaine de la vierge et le sycomore sous lequel la sainte famille se reposa. Ils sont dûs à un miracle. La sainte famille se dirigea ensuite vers Memphis et s'arrêta aux lieux où est à présent le vieux Caire. Ce fut là qu'elle resta jusqu'à la mort d'Hérode le Grand. La retraite où elle se cacha est dans le monastère de Saint-Serge : c'est une grotte souterraine.

(3) *Il salue en passant les hautes pyramides....*

Les pyramides Chéops, Chephrem et Meyeernius ; elles furent érigées vers les douzième et treizième siècles avant Jésus-Christ et subsistent encore aujourd'hui sous le nom de pyramides de Djizeh.

Ce fut auprès de ces pyramides que Bonaparte gagna une célèbre bataille sur les Mameluks, le 21 juillet 1798.

(4) *Nazareth !... à ce nom on sent vibrer dans l'âme...*

Nazareth, où s'écoula l'enfance de Jésus-Christ, aujourd'hui Nasra, est une ville à laquelle les voyageurs modernes accordent 4,000 habitants presque tous chrétiens. La rue principale est droite ; les maisons ont toutes une portée souterraine creusée dans la montagne. Le couvent des Franciscains passe pour le plus beau de la Palestine. Il est habité par onze religieux. L'église de l'Annonciation est aussi la plus belle après celle du Saint-Sépulcre à Jérusalem. Sous cette église, il en est une souterraine qui passe pour avoir été construite sur l'emplacement de la demeure de la Vierge Marie, dont chaque partie est occupée par une chapelle. Non loin de là, les religieux montrent aux pèlerins l'école que fréquenta Jésus et une pierre en forme de table sur laquelle il mangea avant et après sa résurrection. Dans les environs on voit encore la petite ville de

Cana, peuplée de 500 familles et célèbre par le miracle de l'eau changée en vin.

(5) *Mais la Pâque est venue et la Judée en foule...*

La Pâque se célébrait le quatorzième jour du mois Alib. La fête commençait entre le déclin et le coucher du soleil : elle durait sept jours ; c'était le temps des réjouissances de famille ; alors l'agneau se mangeait en commun ; cet agneau devait être sans défaut, mâle et né dans l'année. On teignait du sang de cet agneau le haut et les jambages de chaque maison afin que l'ange exterminateur, voyant ce sang, passât outre et épargnât la famille. Le mot hébreu « *paseha* » signifie passage. Ainsi il rappelait aux Israélites leur passage de la servitude à l'indépendance.

(6) *Aux chants de l'haggada de sa base à son dôme...*

L'haggada, chant Chaldéen qui se répétait à la solennité de Pâque.

CHANT DEUXIÈME

VIE DE JÉSUS

CHANT DEUXIÈME

SOMMAIRE

Baptême de Jésus. — Jésus dans le désert. — Tentation. — Jésus méconnu dans sa patrie. — Pêche miraculeuse. — Noces de Cana. — Sermon sur la montagne. — Tempête appaisée. — Résurrection de la fille de Jaïre. — Élection des Apôtres.

I

« Amendez-vous, mortels, et faites pénitence,
« Du royaume des cieux la justice s'avance :
« Préparez les sentiers et dressez le chemin ! »

Ainsi criait marchant sur les bords du Jourdain,
Pieds nus, les reins serrés d'une rude ceinture,
Un homme à l'air austère, à la mâle stature,
Qui, vêtu d'un habit fait de poils de chameau,
Confessait les péchés et baptisait dans l'eau.

Cet homme qui des saints doit honorer la liste
Ce prophète nouveau se nomme Jean-Baptiste.
Précurseur annoncé sa noble mission
Est d'enseigner la voie aux enfants de Sion,
Et de dire aux pécheurs l'écoutant en silence :

« Amendez-vous, mortels, et faites pénitence,
» Car vous êtes au bout du champ de l'avenir ;
» Un autre suit mes jours, un autre va venir,
» Et cet autre est si grand et de si haute race
» Que chacun sera fier de marcher sur sa trace,
» Et que je suis trop peu, moi qui baptise d'eau,
» Pour toucher de mon front le bas de son manteau
Et ceux de la Judée, et ceux des tribus juives,
Qui du fleuve éternel habitent les deux rives,
Se pressaient sur ses pas, à sa suite attachés,
Implorant le baptême et disant leurs péchés ;
Femmes, vieillards, enfants, tous inclinaient leurs têtes
Sous la main du plus grand, du plus saint des prophètes ;
Et Jean les baptisait à la face des cieux.

Jamais plus beau tableau n'avait ravi les yeux ;
Le soleil se couchait sur la sainte patrie ;
A l'horizon lointain des monts de la Syrie
Qu'il colorait encor d'un rougeâtre bandeau,
On voyait par degré s'effacer son flambeau ;
Le vent dans les figuiers murmurait avec grâce,
Et sur un fond d'azur s'élevant dans l'espace,
La lune d'un nuage enveloppée encor,
Dans les flots du Jourdain mirait son disque d'or.

Jésus à cet instant pénètre dans la foule ;
Il s'avance à pas lents, et l'onde qui s'écoule

Semble rendre pour lui ses flots plus caressants
Et craindre de souiller ses humbles vêtements.
Ce n'est plus un enfant aux traits pleins de finesse,
C'est un homme brillant de force et de jeunesse ;
C'est un Dieu... son maintien, sa douce majesté
Le disent mieux encor que sa noble beauté.
A son auguste aspect le peuple entier s'arrête ;
Tous les yeux sont fixés, toute bouche est muette.

Il s'approche de Jean qu'agite un vif émoi,
Et courbant son beau front, lui dit : « Baptise-moi.»
Jean, d'un si grand honneur veut en vain se défendre.
A l'ordre du Seigneur, il doit enfin se rendre ;
L'onde baigne ce front plus éclatant qu'un lis,
Et Jean lui dit : Seigneur, vos vœux sont accomplis.

A ce moment, d'en haut, une blanche colombe,
Sur Jésus à genoux un instant plane et tombe...
Une voix part des cieux... et le peuple abîmé,
Peut recueillir ces mots : C'est mon fils bien-aimé!

II

Alors, Jésus, rempli de l'esprit qui l'anime,
Sur ces hommes courbés jette un regard sublime,
Et traversant la foule il dirige ses pas
Vers l'aride désert image du trépas. [2]

La nuit était venue et des milliers d'étoiles
Comme autant de rubis enrichissaient ses voiles.
Le pied faisait surgir dans le sable mouvant,
De suaves parfums emportés par le vent ;

Et l'écho réveillé de ces plaines désertes
Ne répondit qu'au cri de cent faunes alertes ;
Seuls rois, seuls habitants, seuls hôtes de ces lieux
Dont Jésus tout à coup voyait luire les yeux,
Et qui, de sang humain brûlant de se repaître,
S'élançaient... et passaient, reconnaissant un maître.

Jésus prie : aux dangers il est insoucieux ;
Ses pieds sont dans le sable et son âme est aux cieux.

Quel cadre et quel tableau! cette nuit, ce silence,
La sombre majesté de ce désert immense,
Ces astres lumineux et cet horizon noir...
Le Christ est seul priant... c'était sublime à voir!

III

Durant quarante nuits sans clore la paupière,
Durant quarante jours de jeûne et de prière
Le Christ dans le désert, mystérieux séjour,
Prépare en paix ses lois et son culte d'amour.
Mais le corps qu'il a pris à la terre l'entraîne,
Le Dieu subit le joug de la faiblesse humaine...

A ce moment, Satan se présente à sa vue :
Dieu, pour tenter Jésus, permettait sa venue.
Les stigmates du mal, dans ses traits jadis beaux,
Brillent comme ces feux qu'on voit sur les tombeaux.
Sur sa lèvre entr'ouverte expire un rire étrange,
Et ses ailes, seul don qui lui reste de l'ange,
Semblent dans leurs reflets les ailes d'un vautour
Quand il fond sur les morts à la chute du jour.

La fleur penche la tête et pâlit sous sa bouche;
L'herbe meurt sans retour lorsque son pied la touche,
Tout se flétrit, se fane à son aspect blafard,
Et son œil noir qui rend un funèbre regard,
Comme un ciel orageux que la foudre sillonne
Lance un lugubre feu qui luit et tourbillonne.
C'est lui, c'est l'ange altier que de son doigt de fer
L'Eternel a plongé dans le fond de l'enfer!...
Le maudit qui rêvait la grandeur souveraine,
Et que Dieu renversa du vent de son haleine:
Entre le ciel et lui c'est un nouveau combat,
Et près du Fils de Dieu d'un coup d'aile il s'abat.
« Fils de Dieu, lui dit-il d'une voix haute et fière,
» Si tu l'es, à l'instant ordonne à cette pierre
» Que se changeant soudain en le plus pur froment
» Ses débris amollis te servent d'aliment... »
« Ce n'est pas seulement du froment, une eau vive
» Qu'il faut, pour se nourrir, mais pour que l'homme vive
» Il lui faut, dit Jésus, la parole de Dieu! »

Le démon à ces mots l'emmène de ce lieu,
Et planant dans les airs sombre et puissant génie,
Il transporte Jésus dans la ville bénie.
Sur le sommet du temple il s'arrête et soudain:

« Fils de Dieu, dit Satan, si ce nom n'est pas vain,
» De ce dôme élevé jette-toi dans l'espace:
» Les anges sur leurs bras te portant avec grâce,
» Préserveront ta tête et garderont ton sein! »

« Maudit! répond Jésus, de tout mauvais dessein
» Tu ne dois pas tenter ton Seigneur et ton maître;
» L'Ecriture le dit, sache le reconnaître! »

Satan le porte alors sur un mont sourcilleux
Qui semble avec orgueil escalader les cieux !
Il lui montre du doigt les royaumes du monde,
Les gloires de la terre et les splendeurs de l'onde :

« Luxe, grandeur, pouvoir, dit-il, tout est à toi,
» Si, prosternant ton front, tu n'adores que moi ! »
« J'ai déjà, dit Jésus, ces biens et plus encore ;
» Retire-toi, Satan, c'est Dieu seul qu'on adore ! »
A cet ordre Satan l'aile ouverte s'enfuit
Et rentre en gémissant dans sa profonde nuit.
Les anges, à leur tour, descendus sur la terre,
S'approchent aussitôt le front dans la poussière,
Et servent à genoux le Christ dont l'œil d'azur
Élève au firmament un regard calme et pur.

V

Jésus prend le chemin de cette Galilée
Où l'appelle tout bas la vierge immaculée ;
Il revoit Nazareth, plus vite son cœur bat ;
C'est le jour du repos, c'est le jour du sabbat ;
Dedans la Synagogue, il entre avec la foule
Qui vers le temple saint pieusement s'écoule.
On ouvre devant lui le livre révéré
Au prophète autrefois par Dieu même inspiré ;
Il se lève, on se tait, et la foule saisie
L'entend lire ces mots du livre d'Isaïe :

« L'esprit du Seigneur est sur moi !
» Que celui qui dort se réveille,
» Que chacun prête son oreille ;

» Des méchants seuls je suis l'effroi.
» Je viens pour guérir la souffrance,
» Je suis la main de délivrance,
» L'esprit du Seigneur est sur moi !

» Je suis la vie et l'espérance !
» Aux aveugles j'ouvre les yeux,
» Aux malheureux j'offre les cieux ;
» Dans mon éternelle balance
» Je pèse chacun tour à tour,
» Et les bergers ont mon amour:
» Je suis la vie et l'espérance ! »

Il referme le livre et s'assied, puis il dit :
« Vous voyez s'accomplir tout ce qui fut prédit. »
Mais ceux de Nazareth, son aveugle patrie,
Ne voyaient dans Jésus que le Fils de Marie ;
Et lui sans s'arrêter à dessiller leurs yeux,
S'éloigne et va porter ses pas en d'autres lieux.

VI

C'est à Capharnaüm que le Sauveur s'arrête [3].
C'est là que plein de grâce il prêche aux jours de fête
Sa doctrine de paix, d'amour, de charité ;
Là qu'il enseigne à tous l'ordre et la liberté.
Le peuple qui frémit à ces grands mots magiques
Répond à ces accents par des cris frénétiques !
Et seul, s'il eût voulu, d'un geste de sa main,
Il pouvait soulever tout l'empire romain.
Mais non ! la mission du Christ n'est pas d'abattre;
Il vient pour enseigner, et non pas pour combattre.

Souverains, remettez vos glaives au fourreau!
Celui que vous craignez tend sa tête au bourreau !

VII

Un jour Jésus marchait pensif sur le rivage :
Le peuple par ses cris saluait son passage
Et suivait tous ses pas pour entendre sa voix.
L'air était calme et pur et chaud tout à la fois,
Et sur le sable d'or la vague langoureuse
Semblait pour sommeiller s'étendre paresseuse ;
De la vigne sauvage et des figuiers en fleurs
Les parfums dans le ciel mariaient leurs odeurs.
Deux barques de pêcheurs sur les rives endormies
Semblaient se reposer sur les ondes amies.
Et les pêcheurs à terre étendaient leurs filets
Que le soleil et l'eau teignaient de vifs reflets.
Dans l'un de ces esquifs Jésus entre et prend place ;
Puis jetant sur la foule un regard plein de grâce,
Il enseigne, et le peuple, accouru dans ce lieu,
Recueillait par sa voix la parole de Dieu :
Et ses accents avaient tant ce charme qui touche
Qu'on l'écoutait encor qu'il avait clos la bouche.

Alors il dit à Pierre : « Avancez en pleine eau,
» Et jetez vos rets en avant du bateau ! »
Pierre lui répondit : « Maître, jusqu'à l'aurore
» Nous avons, cette nuit et ce matin encore,
» Travaillé sans succès ; pourtant, sur votre voix,
» Je jetterai les rets une dernière fois. »
Et soudain sur le lac calme comme une tombe
Il lance le filet qui s'arrondit et tombe,

Puis, ramenant à lui les mailles tour à tour,
Mille poissons surpris au vif éclat du jour,
Se débattent en vain et glissent par centaines ;
Les deux barques bientôt jusqu'au faîte sont pleines.
Les pêcheurs stupéfaits tombent à ses genoux
En lui disant : « Seigneur ! retirez-vous de nous !
» Retirez-vous de nous, indignes que nous sommes !

« Pêcheurs, leur dit Jésus, désormais sur les hommes
» Vous lancerez les rets que je fie à vos mains,
» Et vous ferez alors la pêche des humains :
» Vous êtes bons de cœur et l'humanité souffre,
» Vos filets serviront à la tirer du gouffre. »

A ces mots, les pêcheurs le ramènent à bord
Et quittent leurs bateaux pour partager son sort.

VIII

Pour célébrer l'hymen d'une de ses parentes,
Trois jours après Marie à des noces brillantes
Est conviée ainsi que Jésus et les siens,
(Tous ceux qui pour le suivre avaient quitté leurs biens.)
C'était fête à Cana, l'épousée était belle,
Chacun en la voyant faisait des vœux pour elle,
Et l'époux, tout entier aux feux de son amour,
Du nœud qui l'enchaînait bénissait l'heureux jour.
Tout à coup le vin manque et la joie en tristesse
Allait se transformer, quand la Vierge s'empresse
D'instruire le Seigneur du chagrin des époux.
Il dit aux serviteurs : « Hommes, approchez-vous !

« Jetez une eau limpide en ces urnes de pierre,
» Et puisez maintenant ! » Ils puisent... ô mystère !
Un vin pur et vermeil s'offre à leurs yeux surpris.
Cet aspect aussitôt dissipe les soucis ;
Du vin miraculeux les coupes se remplissent,
Et de nouveau les chants dans Cana retentissent.

IX

C'est ainsi que le Christ signalait son pouvoir ;
Chacun courait vers lui, chacun voulait le voir.
Il allait visitant les villes, les bourgades,
Expulsant les démons, guérissant les malades,
Enseignant l'Evangile et promettant les cieux ;
Et ceux qui l'entendaient le suivaient en tous lieux.
Or, le Seigneur voyant la foule qu'il entraîne,
Gravit un tertre vert qui domine la plaine [5]
Et s'assied... Une brise arrivant de la mer,
En parfums enivrants au loin embaumait l'air.
Sur le sol incliné rampait la tubéreuse,
Et le soleil quittant sa robe vaporeuse
Lentement, goutte à goutte, essuyait le cristal
Qui pendait en rosée aux feuilles du nopal.
Le Christ adresse un signe au peuple qui s'avance,
Soudain autour de lui règne un profond silence :

« Bienheureux, leur dit-il, les pauvres en esprit,
» Car le ciel est la part du simple et du petit !
» Heureux ceux qui sont doux au milieu des alarmes ;
» Heureux les affligés, car Dieu compte leurs larmes.
» Cœurs pacifiques, bons, purs, miséricordieux,
» Cœurs justes qui souffrez vous êtes bienheureux !

» Bienheureux, bienheureux tous ceux qu'on persécute,
» Car Dieu leur tend la main pour amortir leur chute.
» Réjouissez-vous donc vous tous qui m'entourez,
» Le Seigneur votre Dieu sait ce que vous souffrez.
» Enfants du même père, hommes, vous êtes frères!
» Hommes, aidez-vous donc chacun dans vos misères.
» Ne vous vengez jamais, aimez vos ennemis!
» Et vos yeux ne verront que des regards amis.
» A celui qui demande accordez une aumône ;
» Car le Seigneur a dit : « Heureux celui qui donne ! »
» Du pain du lendemain ne vous tourmentez pas.
» De trop riches habits pourraient gêner vos pas.
» Le ciel pourvoit à tout croyez-en ma parole.
» Voyez ce lis des champs et sa blanche corolle !
» C'est Dieu seul qui le pare ; il ne file jamais,
» Et pourtant Salomon dans son royal palais
» Etait moins bien vêtu dans sa plus riche robe
» Que ce lis que ma main à sa tige dérobe.
» Soyez humble, priez sans ostentation,
» N'écoutez point la chair et la tentation.
» Celui qui ne suit pas cette voie est semblable
» A l'homme qui construit sa maison sur le sable;
» Lorsque viendront les vents, la pluie et les torrents
» Il la verra crouler jusqu'en ses fondements. »

Jésus se tait; pourtant suspendue à sa bouche,
La foule écoute encor sa parole qui touche;
Mais elle n'entend plus que le chant de l'oiseau,
Perdu dans les dattiers qui parent le coteau.

X

Non loin de cette scène une barque captive
S'agitait impuissante attachée à la rive.
Jésus suivi des siens y monte... sur les flots
Il s'abandonne enfin aux douceurs du repos ;
Car le Christ n'a pas même où reposer sa tête !
La barque allait... soudain s'élève une tempête ;
Un vent impétueux fouette le flot plaintif
Qui couvre à chaque bond l'aventureux esquif ;
L'oiseau des mers poussant dans l'air un cri sauvage
Effleure en s'enfuyant la vague et l'équipage,
Et du bout de son aile indique aux matelots
Que la mort qui sourit dans les algues des flots
Attend sa proie... Au ciel déchiré par les flammes
En bonds tumultueux on voit monter les lames
Qui, s'affaissant soudain, creusent avec fracas
Un abîme béant qui montre le trépas
Et se referme après comme une avide tombe !...
La barque tour à tour glisse, monte et retombe...
On dirait un jouet que le flot furieux
Tantôt plonge aux enfers et tantôt porte aux cieux !
Les disciples du Christ, consternés, sans courage,
S'approchent de Jésus... il dort... son beau visage
Respire la douceur et la sérénité ;
La tempête redouble, et l'esquif agité
Va périr... Un d'entr'eux l'appelle et le réveille :
« Seigneur, nous périssons ! Sauvez-nous ! » ô merveille !
Jésus ordonne aux vents de se taire et le flot,
Tranquille tout à coup sourit au matelot ;
Le ciel redevient pur et montre le rivage
Où Dieu garde à la barque un port après l'orage.

XI

Chaque jour amenait des miracles nouveaux.
A l'ordre de Jésus les démons dans les eaux
Meurent précipités; à sa seule parole
L'aveugle voit au loin le bel oiseau qui vole
Et qui porte à la branche un fétu pour son nid;
Et dans les chênes-verts que le coteau fournit
Le sourd surpris entend ces mille bruits étranges,
Concerts harmonieux qui font rêver des anges;
Le muet parle et peut exprimer ce qu'il sent,
En se servant du don que le Seigneur lui rend.

Venez, vous qui souffrez! viens, toi, paralytique,
Et remporte ton lit de la place publique!
Hommes que chacun fuit, approchez-vous lépreux!
Et sous la main du Christ courbez vos fronts honteux.
Préparez seulement une robe nouvelle,
Votre corps va reprendre une forme plus belle.
Venez, vous qui souffrez, et vous qui gémissez!
Vous croyez... le Christ veut... il suffit.. c'est assez!

XII

Or Jésus traversant les flots de ce peuple ivre
Qui baise tous ses pas et brûle de le suivre,
Aperçoit près de lui Mathieu le publicain:
« Suis-moi, lui dit Jésus. » Mathieu le suit soudain,
Et le Christ avec lui va s'asseoir à sa table;
La foule était nombreuse et la chair délectable;
Car Mathieu possédait alors d'immenses biens;

Ce que voyant d'abord les grands, les pharisiens,
Ils faisaient éclater leur rage et leur envie,
Disant qu'il fréquentait gens ds mauvaise vie...
Jésus les entendant leur dit: « Hommes trompeurs !
» Je viens seulement pour ramener les pécheurs,
» Non les justes; allez, suppôts de l'artifice !
» J'aime mieux le pardon même qu'un sacrifice. »

Comme il disait ces mots, un père tout en pleurs [6]
Chef d'une synagogue et grand dans les docteurs
S'approche et prosternant son front près de la porte,
Lui dit : « Seigneur ! Seigneur ! Seigneur, ma fille est morte !
» Mais vous pouvez d'un mot me rendre mon enfant.
» Hélas ! si vous saviez, Seigneur, je l'aime tant !
» C'est ma fille, Seigneur !... Seigneur, ma fille unique
» Qui repose sans vie en sa blanche tunique... »

A ces accents si vrais de foi, de désespoir,
Le Christ se lève et va... chacun le suit pour voir...
Sous des rideaux épais tissus d'or et de laine
Une charmante enfant gît sur un lit d'ébène;
Ses cheveux noirs épars sur ses membres glacés,
Jusqu'au bout de ses pieds roulent en flots pressés;
Sous ses cils inclinés sa prunelle repose,
Et le dernier souris de sa bouche mi-close,
Sous ses lèvres qu'hier animait le corail
Laisse voir de ses dents le précieux émail...
Dans un angle languit une lampe tremblante...
Jésus prend dans sa main sa blanche main pendante...
L'enfant soudain se dresse, écarte ses cheveux ;
Avec étonnement tour à tour ses beaux yeux
Vont de la foule au Christ et du Christ à son père...
Elle veut s'écrier... cent baisers la font taire.

XIII

Israël en ce temps, sous le joug des Romains,
Ne comptait déjà plus que de pâles humains;
On n'eût pas reconnu cette terre promise
Que dans l'ardent buisson Dieu léguait à Moïse,
Jeune, pompeuse et riche et distillant le miel:
Le sol était rongé par l'absinthe et le fiel,
Et les peuples troupeau qu'accablait la souffrance,
Languissaient sans pasteurs avec indifférence.

Jésus en parcourant ces pays dépeuplés,
Et voyant en tous lieux tant d'hommes accablés,
A ses disciples dit : « La moisson est immense.
» Il faut des ouvriers pour sauver la semence;
» Allez! et comme moi dissipez les démons,
» Parcourez les cités, les campagnes, les monts;
» Entrez dans les hameaux, les plus humbles bourgades:
» Vous avez le pouvoir de guérir les malades.
» Les morts à votre voix sortiront du tombeau.
» Soyez dans cette nuit comme un brillant flambeau
» Apportant avec vous les saintes espérances;
» Offrez-les comme un baume à toutes les souffrances.
» D'une bourse ou d'un sac ne gênez point vos pas,
» Le pain aux travailleurs ne se refuse pas,
» Et donner est d'ailleurs une si douce joie!
» Qui m'aime doit aimer aussi ceux que j'envoie!
» Et quiconque aidera le plus petit de vous,
» Sera mon bien-aimé, je vous le dis à tous! »

Voici les douze noms de ces premiers apôtres:
Le premier est Simon, nommé Pierre; les autres,

A de moins hauts destins préparés par Jésus,
Mais modèles aussi des plus rares vertus,
Sont Jacques et puis Jean (les fils de Zébédée) [7],
Barthélemy, Philippe, André, Mathieu, Thadée,
Jacques (le fils d'Alphée), et Simon et Thomas ;
Le douzième est un traitre... il se nomme Judas.

NOTES DU CHANT DEUXIÈME.

---

(1) *Ce prophète nouveau se nomme Jean-Baptiste...*

Saint Jean-Baptiste, précurseur de Jésus-Christ, fils de Zacharie, de la tribu de Lévi, et de sainte Elisabeth, cousine de la sainte Vierge. Il se retira fort jeune dans le désert et y mena une vie pleine d'austérité. Il commença à prêcher à trente ans. Jésus voulut recevoir de lui le baptême. Ses prédications le firent prendre pour le Sauveur annoncé par les prophètes, mais il s'en défendit. Hérode Antipos, fils d'Hérode le Grand, le fit mettre à mort l'an 32 de l'ère chrétienne.

(2) *Vers l'aride désert, image du trépas...*

Le désert où Jésus passa 40 jours dans le jeûne et la prière, est situé dans les montagnes de Jéricho; deux grottes taillées dans le roc formèrent sa retraite. C'est, dit-on, au-dessus de la montagne de la Quarantaine, une des plus hautes, que le démon transporta le Christ.

(3) *C'est à Capharnaüm que le Sauveur s'arrête...*

Capharnaüm était dans le ressort de Nephtalie. Jésus-Christ y fit une multitude de miracles, ce qui lui fit dire que « Si les habitants de Sodome avaient vu les prodiges » qui s'y étaient passés, ils auraient fait une rigoureuse » pénitence. »

(4) *Alors il dit à Pierre : « Avancez en pleine eau... »*

Saint Pierre, le premier des apôtres, fils de Jean et frère de saint André, né à Bethsaïde, se nommait d'abord Simon ; mais Jésus-Christ l'appela Cephos, qui en syriaque veut dire Pierre. Il vint prêcher à Rome et y fut mis à mort par Néron l'an 66.

(5) *Gravit un tertre vert qui domine la plaine...*

Ce tertre est dans une plaine (proche de Thibériade) qui a donné son nom au lac de Génésareth situé au bord occidental de cette petite mer.

(6) *Comme il disait ces mots, un père tout en pleurs...*

Jaïre, chef d'une synagogue de Capharnaüm.

(7) *Saint Jacques et puis Jean, les fils de Zébédée...*

Saint Jacques le Majeur et saint Jean l'Evangéliste, nés dans le bourg de Bethsaïde en Galilée. Saint Jacques raccommodait des filets sur le bord de la mer quand Jésus passant l'invita à le suivre. Jacques fut témoin de la transfiguration sur le Thabor; il accompagna le Christ au jardin des Oliviers et sortit de Jérusalem quand Jésus fut saisi par Judas. Après la Résurrection, il y revint et prêcha l'Evangile avec tant de zèle que les Juifs demandèrent sa mort. Hérode Agrippa le condamna à périr par le glaive l'an 44. Il fut le premier des apôtres qui versa son sang pour la foi. Jean, son frère, avait 25 ans lorsque Jésus l'appela à lui, et fut le seul des apôtres qui ne l'abandonna pas pendant sa Passion. Il annonça sa résurrection aux autres disciples, fit des miracles, fut mis en prison et battu de verges. Il assista, l'an 51, au premier Concile de Jérusalem, fut arrêté de nouveau l'an 93 à cause de ses prédications et conduit à Rome où il fut condamné à être plongé vivant dans une cuve pleine d'huile bouillante, d'où il sortit sans avoir éprouvé de douleur. Exilé dans l'île de Pathmos, il y écrivit son Apocalypse. Après la mort de Domitien, saint Jean revint à Ephèse, où il mourut l'an 99, âgé de 94 ans.

CHANT TROISIÈME

VIE DE JÉSUS

CHANT TROISIÈME

SOMMAIRE

Fête chez Hérode, — Décollation de saint Jean-Baptiste. — Profession de foi de saint Pierre. — Transfiguration. — Fête des Tabernacles. — La femme adultère. — L'enfant prodigue. — Résurrection de Lazare.

I

Pour qui tous ces apprêts dont l'aspect seul enchante ?
Quel luxe! quel éclat! quelle fête brillante!
Dans des vases d'albâtre en cent gerbes les fleurs
Brillent en s'élançant des plus riches couleurs;
L'oranger, l'anthyllis et ses grappes pourprées
Couvrent en longs festons les tentures dorées;
Le muguet des torrents, le jasmin et les lis
Se mêlent sur le sol avec l'amaryllis,
La fleur épanouie et les fleurs demi-closes,
Les œillets du Liban, les bluets et les roses;

L'air est plein du parfum des fleurs de Jéricho [1]
Et prépare ses sens à des sons dans l'écho.

Musique aérienne et qui tient du prodige,
Retentit dans le cœur et donne le vertige,
Pour qui tout cet éclat et quel est ce palais ?
Pour qui ces coupes d'or où l'on boit à grands traits?
Pour qui tant de richesse et de magnificence ?
C'est qu'Hérode aujourd'hui célèbre sa naissance [2],
Et que de tous les grands ce prince environné,
Revêtu de la pourpre et de fleurs couronné,
En un pompeux festin signale ses largesses.

L'esclave de Nubie aux longs cheveux en tresses,
Au visage d'ébène, aux yeux voluptueux,
Sert d'un bras arrondi le nectar onctueux
Que donnent de Lesbos les opulentes treilles ;
D'autres, le front orné d'élégantes corbeilles,
Où sur la feuille verte un fruit vermeil sourit,
Au convive altéré présentent ce doux fruit ;
D'autres brûlent l'encens qui s'élève en nuages;
On boit, on boit au prince ivre de tant d'hommages;
Tout à coup une voix semblable aux voix du ciel
Fait entendre ce chant aussi doux que le miel :

II

« Qu'elle est belle celle que j'aime !
» La colombe a de moins doux yeux ;
» Son front digne d'un diadème
» Reluit comme l'étoile aux cieux ;

» Ses lèvres où la joie éclate,
» Brillent comme un fil écarlate,
» Et ses dents qu'elle laisse voir,
» Sont comme des brebis jumelles
» Dont l'agneau cherche les mamelles
» Quand elles sortent du lavoir !

» Qu'elle est belle ma bien-aimée !
» Lorsque des gouttes de la nuit
» Sa chevelure parfumée
» Comme l'aile d'un corbeau luit !
» Qu'avec grâce elle se balance !
» Le palmier a moins d'élégance !
» Et son sein qui fuit le regard,
» Mais qu'on devine et qu'on admire,
» A l'odeur d'un sachet de myrrhe,
» D'aloës, d'encens et de nard ! »

III

Le chant cesse, cent voix à grands cris applaudissent.
La musique reprend, les coupes se remplissent ;
Mais un nouveau prodige attire le regard.
Sous un amas de fleurs dérobée avec art
Tout à coup se relève une riche tenture ;
Une jeune beauté, suave créature [3],
Apparaît aussitôt et fixe tous les yeux.
Une résille d'or enferme ses cheveux,
Flots captifs mais mutins dont la vague folâtre
Semble vouloir baiser des épaules d'albâtre ;
Un collier précieux en innombrables tours

Enlace de son cou les flexibles contours ;
Dans des festons de fleurs emprisonnant sa hanche
Les plis capricieux de sa tunique blanche
Voilent sous un tissu semé d'étoiles d'or
Son beau sein que l'amour n'a pas fait battre encor;
Sous de longs cils de jais sa prunelle s'abrite ;
Et tenant à la main un tambour qu'elle agite,
Les yeux remplis de feu, belle, pleine d'appas,
Elle se précipite en cadençant ses pas ;
Chaque convive ému de volupté frissonne ;
Elle va, vient, revient, s'élance et tourbillonne ;
L'œil a peine à la suivre en ses bonds prodigieux,
C'est un sylphe, une fée, un être vaporeux ;
Il semble à chaque instant que du sol qu'elle effleure
Elle va s'envoler dans les airs sa demeure ;
C'est un charme, un délire, un fol enchantement !
Hérode est dans l'extase et dans l'enivrement :
« Ma fortune, dit-il, mon palais, ma couronne,
» Si tu les veux, dis-le, femme, je te les donne ! »
L'enfant sourit, s'arrête et s'approchant du roi,
Elle lui dit : « Voici ce que je veux de toi :
» Par des mots outrageux, par sa parole amère,
» Un homme, Jean-Baptiste, a fait pleurer ma mère ;
» Puisque tu fais serment d'obéir à mes vœux,
» Qu'on m'apporte à l'instant sa tête, je la veux ! »
A ces mots exhalés d'une bouche charmante,
Le prince et ses amis frémissent d'épouvante ;
Hérode la regarde avec égarement ;
Mais malgré sa douleur fidèle à son serment,
Il fait signe... Un esclave obéit à ce geste...
Il s'écoule un moment d'anxiété funeste...
L'esclave reparaît... il porte un plat d'argent
Que recouvre avec peine un voile négligent...

Il lève ce tissu d'une main vacillante
Et tout à coup paraît une tête sanglante !...
On la montre à l'enfant... d'un gracieux souris
Elle paie ce don dans l'ivresse surpris.
Sur la tête de Jean son regard se repose,
Et d'une main tranquille elle effleure une rose.

IV

Jésus pendant ce temps poursuit sa mission ;
Il va jusqu'aux confins de Tyr et de Sidon
Et revient enseignant toute la décapole
Qu'embrase en un moment l'éclat de sa parole.
Tantôt il comparait le royaume des cieux
A la perle éclatante, au trésor précieux
Qu'un homme acquiert au prix des plus riches domaines.
Tantôt il le disait semblable aux humbles graines
Qui tombent dans un champ, croissent en longs rameaux
Et deviennent l'abri des timides oiseaux ;
Tantôt c'est le levain qui fait grandir la pâte,
Et tantôt le filet qui ramasse à la hâte
Tous les poissons divers tandis que les pêcheurs
Rejettent les mauvais et gardent les meilleurs :
« Qu'il entende cela celui qui peut entendre ! »
Disait-il ; et beaucoup ne pouvaient le comprendre ;
Mais seul avec les siens il expliquait pour eux
Les mystères sacrés du royaume des cieux.

Le peuple le suivait allant de ville en ville,
Insoucieux du temps, de pain ou d'un asile ;
Car si nombreux qu'il fût Jésus le nourrissait
Avec un peu de pain que sa main bénissait.

Les pharisiens frappés d'un esprit de vertige
Lui demandent en vain dans les airs un prodige;
Jésus leur refusait des signes dans les cieux
Gardant pour les petits son pouvoir merveilleux.
Il guérissait les maux et du corps et des âmes ;
Les ondes sous ses pas assouplissaient leurs lames;
Et le Christ préférait en tout temps, en tout lieu,
A la tradition ce que commande Dieu.

» Venez à moi, vous tous qu'abîme la souffrance,
» Disait-il, et sachez ce que vaut l'espérance !
» Je suis humble de cœur, prenez mon joug sur vous!
» C'est un fardeau léger, mon joug est toujours doux. »

Or Jésus se trouvant auprès de Césarée
Où le Jourdain surgit de la terre altérée,
Interrogea les siens; il voulut savoir d'eux
Ce que pensaient de lui les peuples en tous lieux.

« Les uns, lui dirent-ils, assurent que vous êtes
» Elie ou Jérémie, ou quelqu'un des prophètes;
» D'autres Moïse. » —« Et vous, leur répliqua Jésus,
» Dites, que pensez-vous? » Ils se taisaient confus...
Mais élevant la voix : « Je pense lui dit Pierre,
» Que vous êtes le Christ descendu sur la terre! »

« — Simon, lui dit Jésus, vous êtes bienheureux,
» Et vous aurez les clés du royaume des cieux;
» Car vous, vous êtes Pierre, et sur cette humble pierre
» S'élève mon Eglise, immortelle lumière !
» Déliez et liez! les nœuds que vous ferez
» Au ciel comme ici-bas sont à jamais sacrés! »

V

Six jours après, Jésus accompagné de Pierre,
De Jacques et de Jean, les enfants du tonnerre [4],
Après avoir franchi la plaine d'Esdrelon,
Gravit le mont Thabor, le géant du vallon.
Sa cime étincelait aux rayons de l'aurore
Sous les blés onduleux dont son plateau se dore;
De là, l'œil suit le cours encaissé du Jourdain,
Qui paraît un ruisseau dans un riche jardin,
Et d'un regard ravi la prunelle étonnée,
Embrasse en même temps la Méditerranée,
La chaîne du Liban, le lac Tibérias
Et le vaste horizon d'Hébron jusqu'à Damas [5].
Voici les lieux témoins des faits des Machabées!
Ces villes, ces cités sous leurs coups sont tombées!
Chaque point que l'œil voit évoque un noble nom:
C'est Josué, Judith, David et Gédéon!
Il n'est pas un village, il n'est pas une roche
Qui ne soit un sujet d'orgueil ou de reproche.

Ici c'est Béthanie et là-bas c'est Endor:
L'ombre de Samuel y semble errer encor.
Que d'hommes, de héros couchés dans cette terre
Où leur gloire a laissé du sang sur chaque pierre!
Des sources du Jourdain au tombeau de Sara
Ils dorment sous le sol que leur pied laboura;
Et l'écho des torrents et l'écho de l'abîme
Répètent sourdement leurs noms de cime en cime;
Son confus, voix étrange, accent mystérieux
Qui résonne un moment et se perd dans les cieux!

Le jour était venu, les abeilles sauvages
Commençaient sur les fleurs leurs innocents ravages,
Apportant sans relâche aux lueurs du matin
Au tronc fendu d'un chêne un précieux butin;
Le jeune oiseau chantait dans les hauts sycomores,
L'insecte s'agitait au sein des mandragores ;
Parfois un aigle brun, au cou blanc, aux pieds d'or,
S'élance vers le ciel par un rapide essor,
Tandis qu'un lent lézard qui s'éveille et qui rôde
Suspend au flanc du mont sa robe d'émeraude,
Et que sur un rocher qui pend sur un ravin,
La chèvre en bondissant broute le romarin.

La rosée étalait sur les rameaux humides
Des perles que le vent de ses ailes rapides
Séchait en caressant les ébéniers en fleurs :
Dans sa course le temps ainsi sèche les pleurs.

Jésus marchait suivi de Jacques, Jean et Pierre :
Soudain il leur paraît tout brillant de lumière;
Sa robe resplendit éblouissant leurs yeux;
L'éclat dont elle luit semble emprunté des cieux.
Ce n'est ni le soleil, ni l'éclair dans l'orage,
Non, aucun mot ne peut retracer son image;
Le Christ en ce moment n'avait plus rien d'humain.
Sur l'angle d'un rocher il appuyait sa main;
Moïse à ses côtés était avec Elie,
Et lui parlait du temps où son œuvre accomplie
Il devait s'élancer en un jour solennel,
Des fanges d'ici-bas au royaume éternel.

« Seigneur, dit à Jésus le prince des apôtres,
» Tandis que le respect rendait muets les autres,

» Fils du Dieu tout-puissant, Seigneur, permettez-nous
» D'élever en ces lieux une tente pour vous,
» Une autre pour Elie, une autre pour Moïse,
» A l'instant apportées par une molle brise! »

Et comme le disciple au Christ parlait encor
Un nuage couvrit le sommet du Thabor,
Et de ses flancs d'azur une voix éclatante
Partit, et fit trembler la cime étincelante :

« C'est mon fils bien-aimé! c'est mon fils, dit la voix.
C'est mon fils! c'est mon fils! répètent à la fois
Et longtemps les échos de ces rochers sauvages,
Qui semblaient endormis depuis la nuit des âges...

Les disciples, remplis d'une sainte terreur,
Tombèrent le visage inondé de sueur.
Mais Jésus s'approchant leur dit : « Levez la tête! »
Ils ouvrirent les yeux... Moïse et le prophète
N'étaient plus là, tous deux s'étaient évanouis;
Mais l'écho redisait encore : c'est mon fils!...

VI

Par un étroit sentier perdu dans un abîme,
Le Seigneur descendait plongeant un œil sublime
Sur ce sol embelli de l'éclat d'un beau jour.
Chaque site à ses yeux se montrait tour à tour;
Ces lieux où se rendaient les antiques oracles,
Témoins inanimés attestaient ses miracles.
Voici le mont Hermon! Sous son ombre Jésus
A la veuve rendit un fils qui n'était plus!

Voici Naïm ! C'est là, là que la pécheresse
Prosterna sur le sol sa tête enchanteresse,
Baissant devant le Christ ses regards séducteurs,
Arrosant ses pieds nus de parfums et de fleurs,
Les baisant saintement et de sa chevelure
Essuyant avec soin baisers, pleurs et souillure.
Voici Cana, Sichar, le lac Génésareth !
Ce fleuve est le Jourdain ! Ce Bourg est Nazareth !
Voilà le puits sacré de la Samaritaine !
Ce tertre vit la foi de la Cananéenne !
Ici de ce rocher aux plis accidentés,
Les démons dans la mer furent précipités;
Et là-bas, sous les fleurs qui cachent ses flancs rudes,
Est le mont renommé des huit béatitudes !

Chaque pas rappelait un noble souvenir,
Evoquait le passé, parlait de l'avenir;
Et ces lieux vénérés, les uns après les autres,
Se montraient aux regards enchantés des apôtres.

Le Christ marche : bientôt il est loin du Thabor;
Mais vers ce lieu sacré les disciples encor
Se retournent, le cœur oppressé par l'extase;
Le mont brille toujours de sa cime à sa base.
On dirait, en voyant ce trône de gazon,
Que le soleil s'arrête au haut de l'horizon
Et retarde à dessein sa course aventurière,
Pour enchâsser son front dans des flots de lumière !

VII

Cependant Israël se couronne de fleurs ;
Et Sion oubliant un instant ses douleurs,
Fidèle aux souvenirs qu'elle tient de ses pères
Dresse dans ses jardins mille tentes légères,
Où, sous l'ombrage frais de rameaux enlacés,
En mémoire des jours dans le désert passés
Les enfants aujourd'hui fêtent les tabernacles[6]
Qu'habitaient les aïeux dans ces temps de miracles.

O filles de Sion ! chantez, chantez en chœur !
A ces antiques jours reportez votre cœur !
Rappelez-vous la nue et la colonne ardente
Qui guidait tour à tour la fuite triomphante ;
L'eau jaillissant du roc, et la manne des cieux
Donnant pour chaque jour un pain mystérieux !
Accourez, accourez à cette fête sainte !
Le prêtre a mis l'éphod de couleur d'hyacinthe,
Le rochet, la tiare et le pectoral d'or
Où des douze tribus le nom se lit encor ;
Il s'avance... le sang des taureaux fume et coule ;
L'encens jusqu'à la voûte en spirales se roule ;
La foule à cet aspect agitant ses rameaux,
D'hosanna redoublés fait trembler les arceaux,
Et s'en retourne après joyeuse et parfumée
Pour dormir sous le ciel d'azur de l'Idumée.

Venez !... Jérusalem votre vieille cité
Voit dans ses murs bénis tout un peuple agité :
Au temple, par la ville et sous les tabernacles
On raconte tout bas de plus récents miracles.

Mille troubles secrets altèrent ces beaux jours,
Et le nom de Jésus est dans tous les discours :
« C'est un homme de bien, disent les uns ; mais d'autres :
« Non ! il séduit le peuple et d'indignes apôtres ! »
Et chacun répétait s'entretenant de lui :
« Pourquoi n'est-il donc pas à la fête aujourd'hui ? »

VIII

Enfin Jésus paraît ! la foule le contemple :
Il est seul et s'avance à pas lents vers le temple ;
Sa robe que n'égale aucun travail humain
Et qu'un ange sans doute a faite de sa main,
Couvre de flots d'azur les dalles des portiques
Où résonnait encor le chant des saints cantiques.
Jamais roi revêtu de plus de majesté
N'a marché dans les murs de la sainte cité.

Il s'arrête... chacun et le presse et le touche !
Il parle... c'est du miel qui coule de sa bouche !
Avides de le voir et d'entendre sa voix,
Des groupes animés l'entourent à la fois,
Disant : c'est le Messie ! ou bien : c'est un prophète
Une troupe d'archers pénètre dans la fête ;
Ces hommes, ô prodige ! à l'aspect de Jésus,
Par un céleste frein tout à coup retenus,
Saisis d'étonnement, les yeux remplis de larmes,
Au lieu de l'arrêter laissent tomber leurs armes ;
En vain pour ce projet leur chef les a conduits,
Et quand il leur reproche aussi d'être séduits,
Ils disent simplement à celui qui les somme :
Jamais nul n'a parlé comme parle cet homm !

IX

Le lendemain matin, aux premiers feux du jour,
Dans le temple Jésus est déjà de retour :
Sous ses toits embaumés la foule se réveille,
Et tout émue encor des troubles de la veille,
Autour de l'Homme-Dieu se presse en flots nombreux,
Et lui les instruisait assis au milieu d'eux.

De ses doigts de satin, l'aurore parfumée,
Semait de pourpre et d'or le ciel de l'Idumée
Dont l'azur recélait un nuage d'argent
Que la brise poussait d'un souffle négligent ;
Projetant au hasard ses formes et ses ombres
La ville se teignait de nuances moins sombres ;
Tout s'éclairait... du haut du mont des Oliviers
Le soleil se mirait dans les eaux des viviers.
Du temple déjà même il éclairait le dôme,
Qui paraissait de loin un immense fantôme,
Et dont les piliers vus aux feux du jour naissant
Semblaient des nains groupés aux genoux d'un géant.

En ce moment s'élève une rumeur soudaine :
Une femme, qu'un gros de pharisiens entraîne,
Tremblante, échevelée et folle de terreur,
En se couvrant le front tombe aux pieds du Sauveur.
Les voiles que sa main ramène sur ses charmes
Les trahissent sans cesse et décèlent ses larmes.
C'est la femme, la femme avec tous ses appas,
La femme après la chute et vouée au trépas,
La femme avec son cœur ou soumis ou rebelle,
La femme avec ses pleurs, la femme faible et belle.

Dans son abaissement elle est charmante encor :
C'est un anneau brisé de cette chaîne d'or,
Une fleur du feston qui commence avec Eve,
Et qui, de femme en femme, avec les temps s'achève.

« Maître, dit à Jésus le chef des pharisiens,
« Qu'encourageaient tout bas les grands et les anciens,
« Tu connais l'Ecriture, et tu sais que Moïse
« A dit : En adultère une femme surprise
« Périra lapidée ; or celle que tu vois,
« Du saint législateur a transgressé les lois ;
« Parle donc ! et dis-nous ce que nous devons faire. »

Jésus négligemment écrivait sur la terre...
Il songeait en lui-même à ces faibles humains
Qui jamais du pardon n'ont suivi les chemins.
Mais pressé de nouveau par tous ces frénétiques,
Il dit en relevant ses yeux mélancoliques,
D'un accent qui pénètre en ces cœurs desséchés :

« Que celui d'entre vous qui se croit sans péchés
» Sur elle le premier ose jeter la pierre ! »

Et de nouveau son doigt erre dans la poussière...

On dit, et je le crois, que ce qu'il écrivait
En signes éclatants sur le sol se gravait :
C'étaient les mots sacrés d'amour et d'indulgence !

Les pharisiens confus regardaient en silence ;
Tour à tour et baissant un front triste et honteux,
Depuis les plus anciens jusqu'aux derniers d'entr'eux,
Ils s'éloignent. La foule imite leur exemple,

Et Jésus reste seul sur les degrés du temple;
La femme était toujours à genoux devant lui...
Jamais de plus d'éclat repentir n'avait lui...
Elle penchait son front comme une fleur fanée.

« Nul, lui dit l'Homme-Dieu, ne t'a-t-il condamnée?
» — Nul, dit-elle, Seigneur! — C'est bien, répond Jésus,
» Alors relève-toi, femme, et ne pèche plus! »

X

C'est ainsi que le Christ répandait sa doctrine
Et révélait à tous son essence divine.
Tantôt il formulait ces saints commandements
De sa bonté pour nous éternels monuments;
Et tantôt avec soin il donnait aux apôtres
Ces règles qu'après eux devaient suivre tant d'autres.
Sans cesse il ordonnait de respecter les lois,
Disant: « Paie à César le tribut que tu dois! »
Enfin, dans son amour, il dictait la prière
Qui se répète encor du trône à la chaumière;
Mots bénis, mots heureux que depuis deux mille ans
Chaque soir à genoux redisent les enfants,
Du jour où sur leur front l'eau du baptême tombe,
Jusqu'au jour où, vieillards, ils entrent dans la tombe.

XI

Pour exprimer combien un profond repentir
Est agréable au ciel qu'il va toujours fléchir,

D'un voile ingénieux entourant ses paroles
Souvent le fils de Dieu parlait en paraboles.
Ses figures plaisaient à ces esprits émus ;
Or, un jour à la foule ainsi parla Jésus :

« Un homme avait deux fils; l'un d'eux lui dit: Mon père,
» Donne-moi, s'il te plaît, ma part héréditaire.
» Le père à ses enfants partage tous ses biens;
» Le plus jeune aussitôt réalise les siens,
» Et dans l'ardent désir de voir et de connaître,
» Il s'éloigne, insensé, des lieux qui l'ont vu naître!...
» Prodiguant des trésors avec peine amassés,
» Dans les hasards du jeu ses biens sont dispersés,
» Et tous ces faux plaisirs que lui montraient ses songes,
» Font briller à ses yeux leurs décevants mensonges;
» L'or comme en un creuset se fondit sous ses pas.
» Enfin, un jour d'ivresse, au sortir d'un repas,
» Sur un coup malheureux sa ruine s'achève,
» Et de son patrimoine il lui restait... un rêve!
» Alors, lui qui naguère habitait des châteaux,
» Est réduit tout à coup à garder des pourceaux,
» Et sans habits, sans feu, presque sans nourriture,
» Il enviait souvent leur sort et leur pâture.

» Mais le remords naissant dans son cœur criminel
» Il se prit à songer au foyer paternel,
» A ce toit où régnait la paix et l'abondance,
» Et qu'il avait quitté dans sa folle démence.
» C'en est fait, se dit-il, je partirai demain!
» Il arrive... son père était sur le chemin...
» (Que ne devine pas le cœur tendre d'un père?)
» Celui-ci l'attendait... Il l'embrasse, il le serre...

» Son fils est à ses pieds... Dans mes bras! dans mes bras!
» Dit-il, et sur-le-champ apprêtez le veau gras!
» Des anneaux à mon fils! une robe de soie!...
» La plus belle... la mienne... et soyons dans la joie.
» Or, le fils premier-né s'approchant dit: Pourquoi,
» Père, ne fais-tu pas tant de choses pour moi? —
» Ne t'en afflige pas, mon enfant, dit le père,
» Et comme nous, ici, viens et fais bonne chère!
» C'est un jour d'allégresse et de félicité,
» Car ton frére était mort, il est ressuscité!

Ainsi parlait le Christ. Et moi pauvre poëte,
Qui me fais aujourd'hui son indigne interprète,
Vingt fois, à ce récit qui rouvre mes douleurs,
Attendri, j'ai mouillé la page de mes pleurs.
Je suis ce fils puni, je suis ce fils rebelle
Qui regrette trop tard la maison paternelle.
Ah! si je puis jamais y retourner un jour,
Mon Dieu, fais que mon père ému de mon retour,
Quand tremblant à ses pieds je verserai des larmes,
S'écrie en oubliant mes torts et ses alarmes:
« C'est un jour d'allégresse et de félicité,
» Car mon fils était mort, il est ressuscité! »

XII

Sur un des verts penchants du saint mont des Olives
Est un hameau qui dort parmi des sources vives.
A voir ce bourg assis au milieu des roseaux,
On dirait le nid frais des fauvettes des eaux.
Il cache sous les fleurs ses terrasses légères;
Mais ainsi qu'au printemps on voit les primevères

Poindre modestement sous les derniers frimas,
Attirant des regards qu'elles ne cherchent pas ;
Ainsi de ce village on voit les maisons blanches
Montrer dans le lointain leurs toits parmi les branches.
C'est Béthanie... Alors ce bourg aimé des cieux [7],
Ce hameau parfumé, vert et silencieux,
Au saint jour où chacun et prie et se repose,
Voyait dans la saison qui voit fleurir la rose
Des filles de Sion le gracieux essaim
Venir chercher la paix et l'ombre dans son sein.

Le Christ s'il n'avait pas où reposer sa tête,
Trouvait à Béthanie une sûre retraite :
La maison de Lazare à ses souhaits s'ouvrait,
Marthe servait Jésus et Marie écoutait.

Heureux temps !... Tout à coup dans la fraîche bourgade
Il n'est plus de bonheur, car Lazare est malade,
Lazare, le disciple et l'ami de Jésus !...
Ses sœurs Marthe et Marie en soupirs superflus
Ne perdent point de temps, et pleines d'espérance,
Pleines de foi surtout dans sa toute-puissance
Vers celui qui les aime elles envoient soudain...

Jésus était alors au-delà du Jourdain ;
Mais il semble qu'en vain l'amitié le rappelle ;
Il reçoit sans regrets cette triste nouvelle ;
Pendant deux jours encore il reste au même lieu,
Disant : « Tout s'accomplit à la gloire de Dieu ! »
Son esprit paraissait ému d'une autre idée.

Enfin il dit aux siens : « Retournons en Judée !
» Je vais le réveiller, puisque Lazare dort. »

Et puis ouvertement il leur dit : « Il est mort !
» Mais pour l'amour de vous j'en ressens de la joie,
» Car sa mort est venue afin que chacun croie. »

Or, lorsque le Sauveur marchait vers le hameau,
Lazare était depuis quatre jours au tombeau,
Et de tous ses amis la foule désolée
Mouillait de pleurs brûlants le triste mausolée.

Les deux sœurs apprenant l'approche du Sauveur
Volent à sa rencontre et lui disent : « Seigneur,
» Que n'êtes-vous venu ? Lazare notre frère
» En ce moment, hélas ! ne serait pas en terre ! —
» Il ressuscitera ! leur répondit Jésus. —
» Au dernier jour, dit Marthe, avec tous vos élus. —
» A croire fermement, Marthe je vous convie :
» Quiconque croit, verra ; c'est moi qui suis la vie ! »

Marie aux pieds du Christ était près de sa sœur ;
On lisait sur son front une tendre douceur
Qui semblait à ses traits donner de nouveaux charmes.
Jésus à cet aspect laisse couler ses larmes ;
Il frémit en lui-même... et va vers le tombeau.
Une fétide odeur s'exhalait du caveau
Dont la lampe déjà n'avait plus de lumière...
Sur l'ordre de Jésus on soulève la pierre...
La foule avec respect se tenait sur le seuil...
Lazare était gisant lié dans son cercueil !

Alors levant les yeux, le Seigneur dit : « Mon père,
» Merci, vous avez fait ce que ce peuple espère !
» Pour moi, je le sais bien, vous m'exaucez toujours ;

» Mais si j'ai demandé votre puissant secours,
» Si je viens à la tombe arracher sa victime,
» C'est pour donner au peuple un spectacle sublime
» Et pour hâter le jour de sa croyance en moi :
» Ecarte ton linceul, Lazare, lève-toi! »

Lazare abandonnant sa couche funéraire,
Se dresse en secouant un humide suaire!
On le délie... il marche... et rempli de stupeur,
Il va tomber priant aux genoux du Sauveur!

XIII

Le miracle éclatant vole de bouche en bouche
Et va troubler Caïphe en sa splendide couche;
Ce pontife aussitôt appelle les anciens,
Qu'il assemble en conseil avec les pharisiens;
Par un arrêt de Dieu sa lèvre est inspirée,
Et la mort du Sauveur résolue et jurée.

Victime destinée au plus sublime autel,
Jésus pendant ce temps était près de Béthel [8]
Puisant dans la retraite une force inconnue,
Car ses jours sont comptés et son heure est venue.

Alors le Fils de Dieu, l'enfant de Bethléem,
L'holocauste divin, marche à Jérusalem,
Jérusalem qui tue, a-t-il dit, les prophètes,
Et qui dans ce moment se prépare à des fêtes.

Des fêtes, ô Sion, homicide cité,
Pleure, pleure plutôt sur ta perversité!
Profite si tu peux des instants qui te restent
Et reconnais le Dieu que tant de faits attestent.
N'entends-tu pas ce bruit qui vient de Jéricho?
Des miracles récents c'est encore un écho...
Revêts-toi d'un cilice et couvre-toi de cendre...
Pleure, pleure, te dis-je, et puisse Dieu t'entendre!

NOTES DU CHANT TROISIÈME

---

(1) *L'air est plein du parfum des fleurs de Jéricho.*

A sept lieues au nord-est de Jérusalem, dans la grande et fertile plaine nommée El-Gor, qu'arrose le Jourdain, était l'ancienne Jéricho à laquelle Moïse donna le nom de cité des palmiers, nom qu'elle méritait; mais les plantations d'opooalsamum, ou baumier de la Mecque ont disparu et les environs de cette ville ne se couronnent plus de ces fleurs que, par une erreur superstitieuse, on a nommées roses de Jéricho.

Actuellement, cette cité célèbre, qui n'est plus qu'un village nommé Richa, semble de loin être réduite à une seule tour. Au lieu de cette muraille qui défiait les armées, on ne voit plus qu'une haie de bois mort; à la place de ses nombreuses habitations s'élèvent une douzaine de maisons en pierres et couvertes en chaume.

(2) *C'est qu'Hérode aujourd'hui célèbre sa naissance...*

Hérode Antipater, fils d'Hérode-le-Grand, dont il a été question dans le premier chant à l'occasion du massacre de Bethléem. Après la mort de son père, il obtint d'Auguste la Galilée, avec le titre d'étrarque. Il fit la guerre à son frère Philippe et lui enleva sa femme. Accusé plus tard d'avoir voulu se révolter contre les romains, l'empereur Caligula l'envoya en exil à Lyon, d'où il passa ensuite en Espagne avec sa femme Hérodias. Ils y moururent tous les deux dans l'obscurité. C'est ce même Hérode qui fit mourir saint Jean-Baptiste, et ce fut devant lui que Pilate renvoya Jésus-Christ comme étant son sujet.

(3) *Une jeune beauté, suave créature...*

Salomée, fille d'Hérodiade, était femme de Philippe, frère d'Hérode. Elle avait quitté son époux pour vivre avec son beau-frère, et Jean-Baptiste lui avait reproché hautement cette passion incestueuse ; de là la haine de cette femme qui engagea sa fille à demander la tête de saint Jean-Baptiste.

(4) *De Jacques et de Jean, les enfants du tonnerre,*
Après avoir franchi la plaine d'Esdrelon,
Gravit le mont Thabor, le géant du vallon...

Jésus avait coutume d'appeler Jacques et Jean « Bearnigès », ce qui signifie les enfants du tonnerre. A deux lieues au sud de Nazareth s'élève, au-dessus de la plaine d'Esdrelon, une pyramide de verdure ; les oliviers et les sycomores en couronnent le sommet où s'étend une plaine couverte de blé sauvage : c'est le mont Thabor, célèbre dans les fastes des armées françaises par les victoires qu'y remporta Bonaparte en 1799. Du haut de ce mont, où une tradition vénérable place la scène de la transfiguration de Jésus-Christ, la vue plonge sur le Jourdain, le lac Thibérias et la Méditerranée.

(5) *Et le vaste horizon d'Hébron jusqu'à Damas...*

Hébron, capitale de la tribu de Juda. Abraham, s'étant séparé de Loth, en fit son séjour ordinaire. L'écriture dit qu'il vint camper en la vallée de Membré qui était dans le territoire d'Hébron. Sara mourut en ce lieu, et son tombeau s'y voit encore. Isaac y passa la plus grande partie de sa vie ; mais ce qui a rendu Hébron plus célèbre, c'est que David s'y rendit par ordre de Dieu après la mort de Saül, y fut proclamé roi et y régna pendant sept ans sur les tribus de Juda et de Benjamin. Ce fut en cette ville qu'Absalon se révolta contre son père et monta sur le trône. Au bas de la ville, dans la vallée de Membré, on voit un térébinthe d'une prodigieuse hauteur qu'on dit n'être pas moins ancien que le monde et sous lequel Abraham reçut la visite des anges.

(6) *Les enfants aujourd'ui fêtent les tabernacles...*

La fête des Tabernacles était pour les Juifs ce que la Fête-Dieu est pour nous, la fête la plus riante et la plus poétique, la fête des champs et des beaux jours, la fête des palmiers et de la verdure. Cette solennité que le peuple de Dieu aimait tant à célébrer avait été instituée pour rappeler aux enfants d'Israël qu'ils allaient où il plaisait au Seigneur de les conduire. Cette fête se célébrait au commencement de l'automne. Chacun sortait de sa demeure et allait dans les campagnes pour y vivre pendant sept jours et sept nuits sous des fraîches voûtes de branchages en chantant les saints cantiques, et ne quittant la tente qu'il s'y était faite que pour aller au temple.

(7) *C'est Béthanie... alors ce bourg aimé des cieux...*

Béthanie est éloigné de Jérusalem d'une demi-lieue. Sa situation est au levant de Jérusalem. Jésus-Christ a illustré ce bourg par les visites fréquentes qu'il a rendues à Lazare et à ses sœurs. Marthe lui préparait à manger avec beaucoup d'empressement et de zèle, et Marie versa sur sa tête un vase rempli de parfums précieux. On montre encore aujourd'hui les ruines du Château où cet Homme-Dieu a logé ainsi que le tombeau de Lazare : c'est une grotte creusée dans le roc.

Au milieu du chemin de Jérusalem à Bethanie est le lieu où l'on croit qu'était le figuier qui fut maudit par Jésus-Christ, parce qu'il n'y trouva que des feuilles, insinuant par là qu'il traiterait avec la même rigueur ceux qui se contenteraient de rapporter des choses temporelles au lieu des fruits mûrs pour l'éternité.

(8) *Jésus pendant ce temps était près de Béthel...*

Béthel de la tribu de Benjamin, au levant de Sichem ; elle se nommait Lusa. Ce fut Jacob qui lui changea ce nom en celui de Béthel à la suite d'une vision qu'il eût en ce lieu. Lorsqu'il fuyait la colère d'Esaü, Jacob versa de l'huile sur la pierre qui lui avait servi d'oreiller et la voua au Seigneur, promettant d'en faire un autel à son retour, ce qu'il exécuta après avoir enseveli sous un térébinthe les idoles que ses gens avaient apportées de Mésopotamie. Ce fut en ce lieu que les démêlés survenus entre les bergers d'Abraham et ceux de Loth obligèrent ces deux hommes à se séparer.

Cette ville fut aussi longtemps le siége de l'idolâtrie, et elle était encore plongée dans ses ténèbres au temps d'Elisée : ce prophète y fut insulté par deux enfants et vengé par deux ours qui les déchirèrent.

CHANT QUATRIÈME

VIE DE JÉSUS

CHANT QUATRIÈME

SOMMAIRE

Triomphe de Jésus-Christ. — Vendeurs chassés du temple. — Trahison de Judas. — La Cène. — Jésus-Christ au jardin des Oliviers. — Prise de Jésus devant Anne et Caïphe. — Voilà l'homme ! — Portement de la croix. — Crucifiement. — Résurrection et ascension.

I

Seigneur, lorsque je touche au terme de ma course,
La peur glace mon sang qui s'arrête à sa source :
Sans crainte jusqu'ici j'ai suivi tous tes pas ;
Mais ma main se refuse à tracer ton trépas.
Lorsqu'aux tristes apprêts de ta longue agonie,
Pierre lui-même, Pierre en tremblant te renie,
Je suis tenté, Seigneur, de dire comme toi :
« Mon père détournez cette coupe de moi ! »

Mais non ! et jusqu'au bout j'accomplirai ma tache...
Rends la force, mon Dieu, à ce cœur faible et lâche !
Conduis-moi, soutiens-moi dans ce rude chemin
Où tu marchais la croix du supplice à la main !
Pour dire tes douleurs et chanter tes louanges,
Prête-moi pour un jour la lyre d'or des anges !
Sous mes indignes doigts rends-la souple à mes vœux !
Et puis après, Seigneur, brise-la si tu veux !

II

Tandis que dans Sion la Pâque se prépare,
Jésus revient s'asseoir au foyer de Lazare :
Au moment pour toujours de les quitter en Dieu,
L'homme à ces lieux qu'il aime a voulu dire adieu.
Mais dès le lendemain du toit de Béthanie
Il part le front couvert des parfums de Marie.
De disciples choisis le Christ environné,
Noble, majestueux comme un roi couronné ;
Sans arme, sans soldat, assis sur une ânesse [1],
Traverse d'un pas lent la foule qui le presse.

O filles de Sion, ne baissez point vos yeux,
Voici le Rédempteur promis à vos aïeux !

De pieux hosanna saluez son passage,
Et jonchez le chemin de fleurs et de feuillage !
En signe d'allégresse agitez des rameaux !
Devant lui le Cédron a retiré ses eaux.
Jérusalem l'attend et la porte dorée
Comme au retour d'un roi s'ouvre pour son entrée.

Voyez-le ! dans le temple il pénètre en vainqueur ;
Un saint emportement s'empare de son cœur :
Il parcourt à grands pas les somptueux portiques,
Expulse les marchands, renverse les boutiques ;
C'est un maître puissant qui rentre en sa maison
Et qui de longs abus s'irrite avec raison :
« Sortez, profanateurs ! vils trafiquants, arrière !
« Dieu dans les lieux sacrés n'admet que la prière ! »

III

Job, David, Jérémie, oracles de douleurs,
Dont les tristes accents sont les frères des pleurs ;
Luc, Mathieu, Marc et Jean, ô sublimes poëtes !
De la bouche éternelle, éternels interprètes,
Vous seuls pouvez redire avec vos saintes voix,
Les derniers jours d'un Dieu dont on dresse la croix !
Il faudrait votre main à ma plume incertaine
Pour tracer à grands traits cette grande semaine :
Mais pourquoi désirer un si pesant burin ?
J'écrirais sur le fer, le granit ou l'airain,
Mon œuvre passera sans que le temps agile
Emporte pour le perdre un mot de l'Évangile.
Le Christ n'a pas besoin de mes faibles accents,
Son histoire est debout depuis dix-neuf cents ans !
Ce livre respecté par l'ouragan des âges,
Voit le monde à genoux devant ses grandes pages ;
Et si l'onde ou le feu détruisaient les États,
Tant qu'ils épargneraient un seul juste ici-bas,
L'Evangile, vainqueur des eaux et de la flamme,
Toujours pur et brillant survivrait dans son âme.

Dieu puissant dont la mort vient sauver l'Univers,
Ne crains pas que ma voix profane dans ces vers
Ce langage divin qui console et qui touche
Et qu'en un doux adieu daigne émettre ta bouche.
Transplantez une fleur qu'un souffle épanouit,
Son suave parfum soudain s'évanouit.
Il en serait ainsi, Seigneur, de ta parole :
Ose-t-on y toucher, tout son parfum s'envole.

IV

Tout repose : le jour a fait place à la nuit.
Dans l'antique Sion un homme erre sans bruit ;
Et comme si le ciel n'était pas assez sombre,
En rasant la muraille il s'avance dans l'ombre ;
Il s'arrête parfois incertain du chemin
Et passe sur son front une tremblante main.
Est-ce, dans un festin ayant oublié l'heure,
Un convive attardé réjoignant sa demeure ?
Est-ce quelque assassin, quelque larron de nuit
Qui de Jérusalem avant le jour s'enfuit ?
Non : aux gardes romains il montre son visage
Et la porte aussitôt lui livre le passage ;
Il franchit le Cédron et gravit le coteau [2].
La branche d'un lentisque arrête son manteau ;
Il tremble, son genou fléchit dans la poussière ;
La lune à cet instant l'inonde de lumière :
C'est Judas ! un des douze... un élu du Sauveur !...
Son visage est livide et baigné de sueur...
Ce n'est pas un larron, c'est bien pis, c'est un traître !
L'infâme au Sanhédrin vient de vendre son maître,

Son bienfaiteur, son roi, son Sauveur et son Dieu,
Son Dieu qui doit pour lui s'immoler en ce lieu !

Ainsi s'est accompli ce que dit l'Écriture :
« Vos pères ont péché ; mais la race future
» Osera mettre à prix le sang de l'innocent :
« Il lui sera vendu trente pièces d'argent. »

La rançon d'un esclave abruti sous sa tâche
Voilà le prix d'un Dieu, le salaire d'un lâche !

V

Les disciples goûtaient encore un doux sommeil
Que le jour se levait à l'orient vermeil.
Jésus non loin de là veillait dans la prière ;
Il revient, les appelle et prenant Jean et Pierre :

« Allez-vous-en, dit-il, à la ville aussitôt,
« Et pour faire la Pâque apprêtez ce qu'il faut. »

Le soir tout étant prêt au gré des deux apôtres,
Le Christ vient les trouver accompagné des autres.

C'était une maison qui respirait la paix :
Au même lieu jadis existait un palais [3] ;
Cette demeure obscure et maintenant muette
Avait redit les chants du monarque prophète ;
A cette même place étaient les beaux jardins
D'où, tremblant et caché dans l'ombre des jasmins,

David, sur sa terrasse aux regards dérobée,
Avait vu dans le bain la belle Bethsabée ;
C'est là qu'Abigaïg ses dernières amours,
Du monarque mourant réchauffait les vieux jours,
Et mettant dans sa main la harpe prophétique,
Recueillait les accents de son dernier cantique.
Plus de bassin de marbre et plus d'ombrage frais ;
Le temps a renversé le prince et le palais ;
De tant de luxe et d'or on cherche en vain la trace :
Mais le tombeau du maître en marque seul la place !

Quand le divin Sauveur eut partagé l'agneau,
Il se fit apporter un grand bassin plein d'eau,
Et les flancs ceints d'un linge il se mit, lui leur maître,
Lui leur roi, lui leur Dieu que vient de vendre un traître,
A laver de ses mains et malgré leur refus,
Des disciples surpris les pieds rudes et nus.

Sublime enseignement ! humilité profonde !
Devant cette leçon courbez-vous, grands du monde,
Et sachez de Jésus, du fils du Dieu puissant,
Qu'il n'est pour s'entr'aider nul acte avilissant.

VI

Grande et sainte soirée ! adorable spectacle !
Nul bruit ne s'entendait au dehors du Cénacle ;
Dans la chambre bien close un silence profond
Que la voix de Jésus seulement interrompt.
Les disciples vêtus de leurs habits de fête,
Sur le sein du Sauveur Jean reposant sa tête ;

A la droite du Christ, Pierre, Jacques, Thomas ;
Les autres à sa gauche, et dans l'ombre Judas.
Puis au milieu d'eux tous Jésus comme un bon père
Leur parlant d'une voix que la douceur tempère
De ses longues douleurs, de mort, de trahison,
Et pour comble de maux de leur lâche abandon !

Pierre en vain se récrie à ce dernier reproche ;
Jésus avec bonté lui dit : « L'instant approche,
« Et demain quand le coq élèvera la voix,
« Pierre m'aura déjà renié par trois fois. »

Au moment de quitter ces disciples qu'il aime,
Ces hommes bienheureux qu'il a choisis lui-même,
Le Christ voulant du moins pour les quitter en Dieu,
Par un dernier bienfait marquer ce triste adieu
Et nous laisser à tous un céleste héritage,
Prend le pain et le vin qu'il bénit et partage;
Levant les yeux au ciel, il dit en finissant :
« Mangez, voici mon corps ! buvez, voici mon sang !
« Mon sang qui doit sceller la nouvelle alliance
« Et que je verserai pour votre délivrance ! »

La coupe fait le tour ; Judas reçoit son Dieu,
Et l'infâme aussitôt s'éloigne de ce lieu.

En ce moment, dit-on, la lyre prophétique
Murmura d'elle-même un sublime cantique,
Et David tressaillit au fond de son tombeau
Comme pour saluer le Testament nouveau.

VII

Au-delà du Cédron, non loin de Béthanie,
Est un jardin caché, solitude bénie [1],
Où le Sauveur aimait à retirer ses pas :
C'est là que Jésus veut attendre le trépas.
Le Dieu sait que pour nous il faut qu'il souffre et meure ;
Homme, son cœur s'ébranle à l'aspect de son heure ;
Lui qui s'est dévoué de tout temps à son sort,
A son âme aujourd'hui triste jusqu'à la mort :

« S'il se peut, disait-il, s'il se peut, ô mon Père !
« N'attachez pas ma lèvre à cette coupe amère. »

Une sueur de sang inondait ses cheveux ;
Mais le ciel restait sourd sans répondre à ses vœux.
Un ange seulement descendu d'un nuage,
Etait à ses côtés ranimant son courage...
Il y resta longtemps l'entretenant des cieux
Et du salut du monde en mots mystérieux ;
Puis, quand il entendit la cohorte rebelle,
L'ange voila sa face et déploya son aile ;
Mais des portes du ciel il lui tendait les bras
Comme pour adoucir le baiser de Judas.

VIII

Jésus se lève alors... Mille lueurs funèbres
Du jardin envahi dissipent les ténèbres :

D'armes, de voix, de pas, on entend un grand bruit
Qui trouble dans les airs les oiseaux de la nuit ;
D'esclaves, de valets, une troupe en tumulte
S'avance en proférant la menace et l'insulte ;
Judas est à leur tête et dirige leurs pas ;
Il leur montre Jésus qu'ils ne connaissaient pas,
Et d'une voix trompeuse et pourtant résolue,
Il dit en l'embrassant : « Maître, je vous salue ! »
Le Rédempteur reçoit le baiser déloyal :
Du plus grand des forfaits c'était là le signal ;
Mais de ces forcenés la troupe stupéfaite
A son auguste aspect tremble, hésite et s'arrête...

« C'est moi, leur dit Jésus, c'est moi ! que voulez-vous ? »
Ces hommes à ces mots tombent à ses genoux.
De ses divines mains le Sauveur les relève ;
Il désire, il permet que l'attentat s'achève :

« A quoi bon vous armer de bâtons et de fer,
« Dit-il en se livrant, c'est l'heure de l'enfer :
« A toutes ses fureurs l'innocent s'abandonne
« Et méconnu par vous, vous plaint et vous pardonne ! »

Il dit ; et l'un d'entr'eux porte la main sur lui ;
Mais plus prompt que la main déjà le glaive a lui :
Pierre frappe et punit la sacrilége injure.
Son maître le désarme et guérit la blessure ;
Puis d'un regard puissant contenant tous les siens,
Il s'offre de lui-même aux ignobles liens.

IX

C'en est fait!... le Sauveur est aux mains déicides.
Ses disciples ont fui comme des faons timides...
Ils ont fui!... Cependant ne les accusons pas:
Ils scelleront bientôt leur foi par le trépas.
Pierre seul se mêlant à la troupe inhumaine
Suit dans l'ombre et de loin son maître qu'on entraîne;
Il pénètre avec lui dans l'ingrate cité.
La lune en ce moment perçait l'obscurité;
Et grandi par la nuit sur les parvis moins sombres,
Le temple dessinait ses gigantesques ombres.
Jésus passe et soupire en songeant à Titus:
Il voit ces murs détruits, ces marbres abattus;
Les vases consacrés ravis, portés à Rome,
Et servant d'ornement au triomphe d'un homme...

La troupe enfin s'arrête aux portes d'un palais:
Jésus à ses bourreaux appartient désormais;
Il paraît devant Anne et pour premier outrage,
Sans sujet, sans motif on le frappe au visage!

O maintenant, Seigneur, tu peux lever ton front!
Il fallait être un Dieu pour souffrir cet affront.
Un mortel eut rougi de honte et de colère;
L'insulte n'émeut pas le maître du tonnerre.
Tu pouvais appeler le Ciel à ton secours,
Bouleverser le monde, interrompre son cours;
D'un seul mot, d'un regard, d'une simple pensée
Tu pouvais renverser cette foule insensée,

Pulvériser l'impie et punir son forfait ;
Tu le pouvais... j'admire... et tu ne l'as point fait !...

Anne conduit Jésus au palais de Caïphe [5].
Les prêtres aveuglés entouraient ce pontife ;
La colère et la haine éclataient dans leurs yeux.
Jésus sans s'émouvoir s'avance au milieu d'eux ;
On l'accuse, on le presse, on pense le confondre,
Le Christ aux faux témoins dédaigne de répondre :

« Au nom du Dieu vivant, dit Caïphe irrité,
« Es-tu le Christ ? réponds avec sincérité ! —
« Je le suis, dit Jésus, et vous pouvez le croire ;
« Bientôt plein de splendeur et rayonnant de gloire,
« A la droite de Dieu vous me verrez venir ! »

Le grand-prêtre, à ces mots, ne peut-se contenir ;
Il déchire sa robe et s'écrie : « Anathème !
« Vous avez entendu son horrible blasphème ;
« C'est assez !... maintenant décidez de son sort ! »
La foule lui répond : « Il mérite la mort ! »

Caïphe à cet arrêt laisse éclater sa joie,
Et le peuple égaré se jette sur sa proie...
L'un le couvre de boue et le frappe en passant ;
Un autre l'injurie et fait jaillir son sang ;
Un autre, de crachats salissant son visage,
Sur ce noble et beau front semble vomir sa rage...
On le pousse, on le traîne, on lui voile les yeux..
Puis le frappant encor : « Fils du maître des cieux,
« Lui dit-on en raillant, vous à qui rien n'échappe,
« Nommez, si vous pouvez, celui de nous qui frappe ! »

Et les coups redoublaient... et le jour approchait...
Pierre dans l'assemblée en tremblant se cachait;
D'appartenir au Christ par trois fois on l'accuse;
L'apôtre à l'avouer par trois fois se refuse,
Et redoutant déjà les horreurs du trépas,
Il dit avec serment : « Je ne le connais pas! »
Le coq chante à ces mots, et son accent réveille
Dans le cœur du disciple une foi qui sommeille :
Il regarde son maître abreuvé de douleurs
Et court au loin cacher ses remords et ses pleurs.

X

Triste jour!... le soleil sans pompe, sans parure,
Vient avec répugnance éclairer la nature,
Et dorant à regret Sion de pâles feux,
D'un nuage de deuil semble voiler ses yeux.
Jérusalem s'éveille et le peuple s'attroupe,
Les prêtres furieux parcourent chaque groupe;
Ils dénoncent Jésus comme un profanateur;
Ils lui donnent les noms de fourbe et d'imposteur;
La colère du peuple en murmures éclate,
Et le Christ est conduit devant Ponce-Pilate [6].

Pendant ce temps un homme... un infâme... Judas
Se frayant un passage à travers les soldats,
Pâle et comme on nous peint l'archange de l'abîme,
Pénètre dans le temple en détestant son crime :
Le remords à sa voix prête un terrible accent :
« Lâches, dit-il aux Juifs, voici le prix du sang! »

Il leur jette à ces mots cet argent qu'il abhorre [7]
Et s'enfuit... mais au seuil il se retourne encore :

« Je vous maudis, dit-il, suppôts de Lucifer,
« Et cours hâter pour vous tous les feux de l'enfer ! «

Il disparaît alors, et suivant l'Ecriture,
Son corps une heure après pendait sans sépulture.

XI

Cependant le Sauveur touche au moment fatal :
Pilate irrésolu sort de son tribunal.

Les yeux remplis de sang et de larmes divines,
Revêtu de haillons et couronné d'épines,
Le Christ sur le balcon près du préteur romain [8]
Paraît tenant pour sceptre un roseau dans la main.
« Voilà l'Homme, dit Ponce à la foule qui crie
Et dont à chaque instant redouble la furie ;
« Voilà l'Homme !... » A ces mots il montre encor vivant
Je ne sais quoi d'affreux, de hideux, de sanglant,
Quelque chose sans forme et couvert au prétoire
Comme ornement royal de pourpre dérisoire ;
Et livrant ce cadavre aux monstres inhumains,
Il dit en s'éloignant : « Je m'en lave les mains ! »
Soudain ces furieux reniant leurs prophètes
Répondent : « Que son sang retombe sur nos têtes ! »
Il s'emparent du Christ, et leurs horribles voix
Répètent à grands cris : « A la croix ! à la croix ! »

XII

Le voyez-vous aller chargé du bois infâme ? [9]
Mais ses forces aussi viennent trahir son âme :
Il chancelle et s'étend couché sur son fardeau !...
En vain on fait agir l'aiguillon du bourreau ;
Il faut qu'à cet instant la foule qui l'entraîne
Fasse porter sa croix par Simon de Cyrène.
C'est alors qu'une femme abordant le Sauveur,
D'une main bienveillante étancha sa sueur,
Et que les traits divins du céleste visage
Sur le pieux tissu laissèrent leur image.
Le Sauveur ranimé marche en suivant la croix...
Il marche... puis il tombe une seconde fois...
Mais le fer des bourreaux est là qui le relève !
Il marche, il marche encor excité par le glaive
Et voit parmi la foule au milieu des soldats,
Sa mère qui le suit en lui tendant les bras :
Elle est pâle, et des pleurs sillonnent son visage.
Jésus à cet aspect sent faillir son courage :
Il s'arrête un moment, et regardant les cieux,
Il murmure à Marie en abaissant ses yeux :
« Votre fils vous salue, auguste et sainte mère ! »
Puis il poursuit sa route et monte le Calvaire...

En approchant du but qu'avec peine il gravit,
Une dernière fois sa force le trahit :
Il tombe... mais soudain par des efforts sublimes,
Le Sauveur est debout prêt à laver nos crimes !

XIII

Enfin on le dépouille… il faut qu'avant sa mort
Des soldats effrénés jettent sa robe au sort :
On arrache à son front la couronne d'épines,
Et le sang précieux tombe en gouttes divines…
On l'étend sur la croix où la main du bourreau
Tourmente en l'attendant les clous et le marteau…
Jésus a repoussé le vin mêlé de myrrhe…
On frappe… et chaque coup ensanglante et déchire…
La croix s'élève alors… lentement… lentement…
Et dans le roc creusé retombe lourdement…
Elle tremble un instant sur son pied qui vacille,
Puis étend ses grands bras et demeure immobile,
Montrant à tous les yeux en signes positifs
Ces mots accusateurs : Jésus-Christ, roi des Juifs !…

Oui, Juifs, oui, votre roi, barbares que vous êtes !
Ce Christ, ce Rédempteur prédit par vos prophètes !
Satan aveugle en vain vos esprits obstinés ;
C'est lui-même, vous dis-je, et vous l'assassinez !…

Ce peuple à cet aspect qui redouble sa rage,
Aux tourments du supplice ajoute encor l'outrage :
« Descends, lui disait l'un, et tu seras mon roi ! —
» Descends, disait un autre, et nous croirons en toi ! —
» Oui, fais-nous ce miracle, ajoutaient quelques autres,
» Et nous deviendrons tous tes plus fervents apôtres ! —
» A ton aide, Messie, appelle donc le ciel,
» S'écriait un dernier en l'abreuvant de fiel ! »

Et tandis que le Christ boit à l'éponge amère,
Tout bas pour ses bourreaux il implore son père...

Or, aux côtés du Christ deux insignes voleurs [10],
De la croix comme lui subissaient les douleurs :
« Sauve-nous donc, ô Christ, et sauve-toi toi-même ! »
Lui disait l'un des deux avec un sourd blasphême ;
« Seigneur, lui disait l'autre en confessant sa foi,
» Quand vous serez au ciel souvenez-vous de moi ! »
Le Sauveur sur cet homme abaisse sa paupière,
Et daignant exaucer sur-le-champ sa prière :
« En vérité, dit-il, mon Fils, je vous le dis,
» Vous serez avec moi ce soir en Paradis ! »

Jean le tendre disciple avec la bonne mère
Avaient accompagné le Sauveur au Calvaire ;
Les yeux du Christ vers eux se portent tour à tour ;
Et puis les confondant en un regard d'amour :
« Soyez son fils, dit-il à l'apôtre qui prie ;
» Et vous, soyez sa mère, adorable Marie ! »
Jean répond en portant les deux mains à son cœur,
Et la Vierge en poussant une triste clameur.

XIV

Pendant ce temps le ciel s'était tout couvert d'ombres,
Et sur Jérusalem planaient des voiles sombres.
Une éclipse sinistre obscurcissait le jour
Et cachait aux regards les cimes d'alentour.
Seulement par instants quelques clartés funèbres
En rapides éclairs déchiraient les ténèbres ;

Alors l'œil effrayé découvrait à la fois
Le Golgotha, la foule et Jésus sur la croix,
Les prêtres, les bourreaux et la garde romaine ;
Puis aux genoux du Christ, Marie et Magdelaine,
Magdelaine en désordre et les cheveux épars,
Et dont les pleurs brûlants ternissaient les regards !
Pour qu'elle se relève il faut que Jésus meure...
Le Christ fermait les yeux, mais vers la neuvième heure
Il prononce : « J'ai soif... » et reçoit à ces mots
Le vinaigre et le fiel de la main des bourreaux ;
Puis un moment après au milieu du silence,
De sa bouche divine un vaste cri s'élance :

« Mon Père, recevez votre Fils bien-aimé,
» Dit-il en gémissant, car tout est consommé ! »
Puis il penche son front, il pâlit, il soupire,
Regarde vers l'Europe et puis enfin... expire !

Le sol s'agite alors jusqu'en ses fondements
Et réveille les morts dans leurs froids monuments ;
Du temple révéré les voiles se déchirent ;
Le roc se fend ; des voix dans le ciel s'entendirent ;
Les prophètes, les saints s'élançent des tombeaux
Et vont porter l'effroi dans le cœur des bourreaux ;
La tombe impunément ne rend pas sa dépouille ;
Chacun fuit, se disperse, ou prie et s'agenouille ;
Et les soldats romains rassemblés dans ce lieu
Disent entr'eux : « Cet homme était vraiment un Dieu. »

XV

Des souffrances du Christ j'ai retracé l'histoire.
Que dirai-je de plus ? le monde sait sa gloire.

Embaumé par les mains de disciples pieux [1],
Gardé dans son tombeau par des Juifs furieux,
Son front trois jours après en soulève la pierre,
Et le Christ apparaît éclatant de lumière.
Au Calvaire, au Cénacle, au chemin d'Emmaüs
Les disciples joyeux ont reconnu Jésus ;
Il les voit tour à tour ou réunis ensemble ;
Au mont des Oliviers enfin il les rassemble ;
Une dernière fois lui-même il les instruit ;
Il éclaire leurs cœurs obscurcis par la nuit ;
De sa mort, de sa vie il leur dit les mystères,
Et leur donnant les noms et de fils et de frères
Il leur promet encor en ses touchants adieux
D'envoyer l'Esprit-Saint pour dessiller leurs yeux ;
Puis, les bénissant tous en un adieu suprême,
A leurs yeux vers le ciel il s'élève lui-même ;
Par sa propre puissance il pénètre au saint lieu
Et s'assied triomphant à la droite de Dieu.

NOTES DU CHANT QUATRIÈME.

---

(1) *Sans armes, sans soldats, assis sur une ânesse...*

Ce fut à Béthagé, bourg au bas de la montagne des Oliviers, que le Sauveur envoya prendre une monture lorsqu'il voulut faire son entrée triomphante à Jérusalem.

La porte d'Or par où il entra au milieu des acclamations, est vis-à-vis ; les Turcs ont muré cette porte en conséquence d'une prophétie qui les menace que c'est par là que doit entrer un prince chrétien pour les chasser de cette ville.

(2) *Il franchit le Cédron et gravit le coteau...*

Le torrent de Cédron, ainsi nommé des Cèdres qui bordaient son rivage du temps des Jébuséens; il arrose les murs de Jérusalem et va se perdre dans la mer Morte.

(3) *C'était une maison qui respirait la paix...*
Au même lieu jadis existait un palais...

On prétend que le Cénacle avait été bâti sur les ruines de l'ancien palais de David. Voici la description que M. Doublan et le P. Besson en on faite : « La maison a

« deux étages ; celui du bas contient deux chambres : la « première qui est longue de vingt-quatre pas, large de « seize, a une voûte de pierre appuyée sur deux piliers « carrés. Ce fut là que le Sauveur lava les pieds à ses « apôtres et leur apparut après sa résurrection. La seconde « a vingt pas en longueur, quatorze en largeur; elle est « voûtée comme la première ; et c'est là que l'on place le « tombeau de David. On y voit un coffre de pierre at- « taché à la muraille que les Turcs même ont en vénéra- « tion ».

(4) *Au delà du Cédron, non loin de Béthanie,*
Est un jardin caché, solitude bénie...

Gethsemani était une métairie avec quelques maisons dont il ne reste que des masures. Jésus-Christ y laissa tous ses apôtres, à la réserve de trois : Pierre, Jean et Jacques, qui l'accompagnèrent au Jardin des Oliviers. Ce jardin était un grand verger plein d'oliviers ; il reste neuf de ces arbres qui paraissent très anciens et sont immenses; mais il n'est pas certain, comme on le dit, qu'ils soient là depuis la mort de Jésus-Christ. Le jardin renferme une grotte rougeâtre ; on assure que c'était l'endroit où Jésus laissa les trois disciples en leur recommandant de veiller avec lui. On fait voir au pèlerins les figures grossières de trois corps couchés imprimés sur la roche avec les replis de leurs habits : ce qui peut venir de là ou est peut-être un jeu de la nature. On croit que ce fût à l'entrée du jardin que le Christ fut baisé par Judas et garrotté par les soldats, dix pas en deçà du petit rocher sous lequel les trois apôtres dormaient durant l'agonie de leur divin maître.

(5) *Anne conduit Jésus au palais de Caïphe...*

La tradition du pays porte que le palais de Caïphe n'était pas éloigné du Cénacle. Les arméniens ont une église que l'on prétend bâtie au même endroit qu'occupait le palais de ce grand-prêtre et précisément où était la salle dans laquelle Jésus comparut et fut interrogé. On montre aussi le lieu où Pierre se chauffait lorsqu'on vint l'interroger et qu'on l'obligea à renoncer son divin maître. Il y a un oranger à la place ou les domestiques du pontife avaient un brasier allumé quand ils interrogèrent le timide disciple. On voit aussi dans la cour une pièce de la colonne sur laquelle on prétend qu'était juché le coq qui chanta. Quant à la maison d'Anne où Jésus reçut un soufflet, elle n'était séparée de celle de Caïphe que par le mur de Jérusalem ; car elle était dans la ville, tandis que celle de Caïphe était en dehors. Il y a dans la cour un olivier qui porte encore des fruits, au pied duquel on dit que le Sauveur fut attaché en attendant qu'on l'introduisit près d'Anne. « Il n'est point haut, dit le P. Quaresmus ; mais son tronc se divise en trois grosses branches ; on l'a entouré d'un mur, et la maison sert de monastère à des religieuses arméniennes non cloîtrées. »

(6) *Et le Christ est conduit devant Ponce-Pilate...*

Ponce-Pilate gouvernait la Judée pour les romains sous le règne de Tibère ; il fut rappelé de son gouvernement en l'an 37 de Jésus-Christ et mourut en exil à Vienne en Dauphiné, en l'an 40.

(7) *Il leur jette à ces mots cet argent qu'il abhorre*

Les prêtres Juifs ont acheté avec cet argent le champ d'un potier, et ce champ fut nommé *Aledeedama*, c'est-à-dire le prix du sang. Il sert encore de sépulture aux étrangers et aux pauvres.

(8) *Le Christ à ses côtés paraît sur le balcon.*

A quelques pas de la maison de Pilate, qui ne fut pas démolie par Titus, attendu que les Romains, en ruinant une ville, épargnaient toujours la maison de l'homme du Sénat, on rencontre une arcade fort ancienne, qui traverse la rue ; on dit que c'est là que Pilate fit voir Jésus aux Juifs et leur dit : « Voilà l'Homme ! » Il y avait une petite colonne de marbre qui partageait l'arcade en deux : Jésus était d'un côté et Pilate de l'autre. Ce monument respectable n'a plus de couverture et est fort caduc faute d'être entretenu.

(9) *Le voyez-vous aller chargé du bois infâme...*

Depuis le Prétoire jusqu'au Calvaire, on compte huit cent vingt pas, qui font plus d'un quart d'heure de marche ; c'est ce que l'on appelle la voie douloureuse, ou la carrière pénible et sanglante que Jésus-Christ a fournie étant chargé du pesant fardeau de la croix. On la distingue par différentes stations placées aux lieux où cet Homme-Dieu tomba en faiblesse, où il recontra sa sainte Mère, où il fut assisté de Simon le Cyrénéen, où il parla aux femmes qui le suivaient en pleurant.

(10) *Or, aux côtés du Christ deux insignes voleurs...*

Les endroits où les croix des deux larrons avaient été plantées se montrent encore sur le Calvaire et sont marqués par deux colonnes. Celle qui désigne la place du bon larron n'est éloignée du trou de la vraie croix que de quatre pieds et demi ; celle du mauvais larron a près de six pieds de distance. Les trois croix devaient former un triangle, en sorte que Jésus-Christ pouvait voir de dessus la sienne les deux criminels qui souffraient à ses côtés. La fente qui se fit dans le rocher est entre la place de la sainte croix et celle du mauvais larron.

(11) *Embaumé par les soins de disciples pieux...*

Nicodème et Joseph d'Arimathie. On voit encore à Jérusalem la pierre de l'cnction : huit lampes brûlent sans cesse à l'entour, et pour empêcher qu'on ne marche dessus et qu'on ne la profane, elle est environnée d'une balustrade de fer.

TABLE

www.ingramcontent.com/pod-product-compliance
Lightning Source LLC
LaVergne TN
LVHW020334230826
846091LV00003B/875

* 9 7 8 2 0 1 2 8 5 2 0 4 4 *